北京大學《儒藏》編纂與研究中心　編

《儒藏》精華編選刊

桴亭先生文集

〔清〕陸世儀　撰
趙友林　校點

北京大學出版社
PEKING UNIVERSITY PRESS

圖書在版編目(CIP)數據

桴亭先生文集 /（清）陸世儀撰；北京大學《儒藏》編纂與研究中心編. —北京：北京大學出版社，2023.9
（《儒藏》精華編選刊）
ISBN 978-7-301-33790-5

Ⅰ.①桴… Ⅱ.①陸…②北… Ⅲ.①陸世儀（1611–1672）– 文集
Ⅳ.①B249.95–53

中國國家版本館CIP數據核字（2023）第035946號

書　　名	桴亭先生文集 FUTING XIANSHENG WENJI
著作責任者	〔清〕陸世儀 撰 趙友林 校點 北京大學《儒藏》編纂與研究中心 編
策劃統籌	馬辛民
責任編輯	沈瑩瑩
標準書號	ISBN 978-7-301-33790-5
出版發行	北京大學出版社
地　　址	北京市海淀區成府路205號　100871
網　　址	http://www.pup.cn　　新浪微博：@北京大學出版社
電子郵箱	編輯部 dj@pup.cn　總編室 zpup@pup.cn
電　　話	郵購部 010-62752015　發行部 010-62750672 編輯部 010-62756449
印 刷 者	三河市北燕印裝有限公司
經 銷 者	新華書店 650毫米×980毫米　16開本　11.75印張　118千字 2023年9月第1版　2023年9月第1次印刷
定　　價	47.00元

目録

桴亭先生文集卷四

桴亭先生文集卷五……八二

桴亭先生文集卷六……一〇六

校點説明

陸世儀（一六一一——一六七二），字道威，江蘇太倉人。少從劉宗周問學，後與同里陳瑚、盛敬、江士韶諸人，爲遷善改過之學。明亡，世儀歸隱鄉里，鑿池十畝，築亭其中，自號桴亭，不交賓客，專心著述。後講學於東林，既而又講學毘陵。當道屢薦，皆力辭不就。

陸世儀是明末清初理學家，其學本於程、朱，主「居敬窮理」之説，强調内心修養，崇尚躬行，注重實用，而「不虛談誠敬之旨」，「不空爲心性之功」（《四庫全書總目》）。因此他反對虛談誤國的講學之風，他説：「天下無講學之人，此世道之衰；天下皆講學之人，亦世道之衰。……嘉、隆之間，書院遍天下，講學者以多爲貴，呼朋引類，動輒千人，附影逐聲，廢時失事。甚至有藉以行其私者。此所謂處士横議也。」（《思辨録輯要·大學類》）他認爲，爲學當「切於用世」，「今人所當學者，正不止六藝，如天文、地理、河渠、兵法之類，皆切於用世，不可不講。俗儒不知内聖外王之學，徒高談性命，無補於世，此當世所以來迂拙之誚也」（同上）。其言深切著明，足砭當時虛憍之弊。世儀宗程、朱，而不立門户，對於陸、王等學者，皆平心論之，因此他「可以説是一位最好的學術批評家」（梁啓超《中國近三百年學術史》)。

陸世儀一生著述甚豐,有《思辨録》、《論學酬答》、《詩鑒》、《書鑒》、《春秋討論》等六十餘種。其平生心得,備見於《思辨録》一書。《桴亭先生文集》爲太倉唐受祺於光緒二十五年(一八九九)所刻,共六卷,講義一卷,書一卷,序兩卷,雜著兩卷,另有補遺一卷。於講義卷,陸世儀通過對《周易》和《論語》等儒家經典奥義的闡發,以及對周敦頤、高攀龍等宋明學者思想的發揮,闡明他的宇宙本體論、生成論以及認識論,並由此倡明其仁愛説、性善説以及後天學習的重要性等思想。而於書卷,陸世儀重點論述了修身爲學之道,即「居敬窮理」,認爲「居敬窮理乃程朱教人入手法門」(《答晉陵湯公綸論學書》),居敬以明其體,窮理以明其用,人人當體用具備,「學爲聖賢」,「成己成物」。序的内容比較複雜,有書序,也有贈序。其所言内容,大約有三:一是修身爲學之道,二是治國安邦之道(如經濟上要「豐本」、「足國」,爲政者要有恤民愛民之德,要智而善斷),三是持家之道(如尊祖敬宗;修治族譜,收族得民;持家育後,風範一方)。於雜著卷中,陸世儀針砭時弊,縱論時政,或論教育,或論經濟,或論吏治。卷六亦爲雜著,有傳記、像贊等,主旨不外倡德治、明孝悌、標婦節、勵操行之類。

陸世儀的文集，曾經多次搜集、刊刻。今所見最早的刻本爲康熙五十三年（一七一四）張伯行正誼堂刊本，稱「陸桴亭先生文集」（以下簡稱「康熙本」），五卷，但較少流傳。後太倉葉裕仁鈔得張刻不全本，又經多方搜集，編次爲《文鈔》。同治九年（一八七〇），合肥蒯德模選録葉鈔，刻於太倉安道書院，計《文鈔》六卷，《續鈔》一卷。光緒九年，津河廣仁堂翻刻正誼堂五卷本。光緒二十五年，太倉唐受祺刻《陸桴亭先生遺書》（含《文集》、《詩集》、《論學酬答》、《志學録》等二十餘種），其中《文集》部分參考康熙本、安道書院本以及《婁水文徵》、太倉舊《志》，編次爲《桴亭先生文集》（以下簡稱「光緒本」）。後太倉王保譿得葉裕仁原鈔本，中有《文鈔》未選與選而未及刻者三十四篇，光緒本也未曾收録。民國十六年（一九二七），唐受祺之子唐文治得此逸文，刻《集外文》一卷，並附全祖望《陸桴亭先生傳》、姚椿《陸桴亭先生傳》及《先儒陸子從祀文廟録》。此次整理，將《集外文》三十四篇，附録於《桴亭先生文集》之後，以補其未備。

諸本相較，光緒本刊刻最晚，但經過精校，錯誤較少，收録文章也最全（康熙本中原有書信九篇，唐受祺在《遺書》中另編爲《論學酬答》一書，故光緒本《文集》不再收録。安道書院本《續鈔》部分被編入《遺書》中之《四書講義輯存》，光緒本《文集》亦不收）。此次校點，以《續修四庫全書》影印光緒本《桴亭先生文集》爲底本，以康熙本爲校本。《集外文》三十四篇及後附王保譿、唐文治兩跋收作附録（兩跋標題原無，乃校點者所擬），全、姚兩傳及《從祀録》則從略不收。

校點者　趙友林

陸桴亭先生文集序

世之慨然自命爲讀古聖賢書者，不過拾其緒餘，掇其文采，以供談説；而叩之身心性命，家國天下之大概，茫乎未有得也。夫言，心之聲也，心非聖賢之心，言又安能爲聖賢之言哉？故其爲説也，擇焉而不精，語焉而不詳。又其甚者，支離龐雜，背道離經，求一言之幾乎道而不可得。挾此説以簧鼓天下，其不胥而爲異學也者幾希。太倉陸子桴亭《思辨録》一集，有功世道不淺。今余既刊而行之，兹復裒集古文若干首，朝夕繙閲，因歎陸子之用心至深且切也。蓋自考亭夫子既殁，數傳以後，得薛、胡諸君子，一時學術大明。其説尚躬行而鄙放曠，學者畏之，遂群趨頓悟，以冀速成，一唱百和，陽竊講學之名，大亂吾道之真，至啓、禎末而陵夷衰微極矣。陸子慨焉憂之，以吾道爲己任，抗顔設教，力矯時趨，黜華崇實，一惟考亭之規矩是遵，故其見之筆墨間者，援經據典，抉摘同異，貫穿錯互，舌如懸河。不知者以爲好辯，而其實明天道，正人心，有不如是辯而不得者。他若一善可稱，一行可録，風化所係，必爲曲盡情狀，著其里居，詳其姓氏，以垂範將來，曰非此則善者無以勸，而惡者無以懲也。乃至會講必有序，約課必有紀。凡我同人，趨向端而踐履正者，不惜鼓舞激勸，以偕遊乎大道，而苟或不然，亦必明目張膽，攻其蔽而發其愚，使之自悟。以故卷帙至繁，而蓄積至富。嗚呼！陸子之功於是爲大矣，非所謂以聖賢之心，發爲聖賢之言者歟？顧使其得大有爲於時，坐臯比，設絳帳，集天下英才而教育之，其所成就，必自有異。而惜乎可見者止此，亦陸子之不幸也。然言傳即道傳，天下後世因其文而想見其人，接踵曩哲，沾被後賢，又陸子之不幸而幸也。至若其文之光怪陸離，控縱如意，飲吸百川，吞吐萬象，可以抗衡八家，而自成一子，則又能文者之所共賞，而無俟余爲之贅也。是爲序。

康熙五十三年甲午仲夏，❶儀封後學張伯行題於姑蘇之正誼堂。

❶「夏」下，康熙本有「穀旦」二字。

桴亭先生文集卷一

太倉陸世儀道威著

講　義

乾卦講義附《講易餘義》

按《乾卦講義》與《確庵文稿·蔚村講義》同。葉君涵溪據確庵先生所撰《尊道先生行狀》云：「己丑元夕，子以崑山諸君合甫之意，請君入村講《易》。」是爲桴亭先生作無疑，當時誤入《確庵文稿》，今改正。

今日蔚村講會，倡之者確庵先生，同心同德，任勞任費，更有鼎甫、惠甫、莊甫、合甫、幼玉、庸甫諸先生。又值上元勝日，鼎新尉遲神祠，合一村鄰里皆與斯會。大家讀書、行善、孝弟、力田，當斯時而有斯會，亦可謂絕盛之舉矣。

承確庵諸先生命，商量《易》乾卦。竊思《易》是天人合一之書，古往今來，天覆地載，只是這個《易》；聖人窮理盡性至命，亦只是這個《易》；百姓戴高履厚，日用不知，亦只是這個《易》。何謂「乾」？舉頭看，只天便是；低頭看，只心便是。人人頭上有乾，人人心中有乾，只不思量，便掉卻頭上乾、心上乾，卻去看《易》書中「乾」字。

何謂「元亨利貞」？且如今日正月十五日，俗謂之上元，此正是用《易》書中「元」字。元字訓大，亦訓善。一年之計在春，何等大！萬物生機皆從此見，何等善！由此而往，夏便是亨，秋便是利，冬便是貞。元亨利貞，開闔不窮，則春夏秋冬，循環不息。不特天道爲然，人心中亦有元亨利貞，《文言》所謂「仁義禮智」也。仁義禮智雖四德，然所重尤在「仁」字，故《文言》以「善之長」貼「元」字。《彖傳》曰：「大哉乾元，萬物資始，乃統天。」蓋萬物根本於天地之元，而萬事根本於人心之元。天地能以一元生萬物，故「雲行雨施」，推而極之，至於「保合太和」。人心能以一元行萬事，則火然泉達，擴而充之，可以保合四海。

今日是上元吉日，在會諸公又各各修身砥行，奉行日記。精者究極於身心性命，粗者用心於務本力農，豈不是以吾心之元，合天地之元？當下便是天人合一境界。然以儀論之，今日之事，不難於一「元」字，尤難於「亨利貞」三字。亨者，繼續光明之謂也；利貞者，止善成性之謂也。人不繼續光明，則雖有善心，無由充長。人不止善成性，則雖有善心，無有歸束。湯之盤銘曰：「苟日新，日日新，又日新。」只此便是「元亨利貞」的引證。

至若中間要緊處，則尤在「變化」兩字。《經》曰：「乾道變化。」何以謂之變化？試看天地間一草一木，初時萌芽，後來長大，忽而開花，忽而結子，刻刻變，刻刻化。若花開而不落，則成乾花；子結而不熟，則成腐子。惟人亦然。自幼而少，少而長，長而老，乘天地之氣，亦刻刻變，刻刻化。只是此心中道理，不能答天，今日是如此，明日亦是如此，准准爲氣質拘定，不能展動分毫，甚至有反成汩没者。此無他，不知爲善之方，不識學問之道也。

學問之道無他，只今所行日記善過者是。知日記善過是學問，則日日記，日日進，日日變，日日化。乾坤六爻正好體認。假如今日時勢正當退隱，便是潛龍一爻。既是潛龍一爻，便當思何以爲勿用。凡「不易乎世」、「不成乎名」、「遯世无悶」等句，俱要一一體認過，必無愧於「潛」，無愧於「龍」，無愧於「勿用」，然後可以謂之學《易》，然後可以完日記善過之分量。不特潛龍一爻也，即如今日群聚講學，一村翕然，便是見龍一爻。各人心上兢兢業業，便是惕龍一爻。已學問者更思進學，未學問者翻然思進，便是躍龍一爻。充此心力，覺世輔民，便是飛龍一爻。若雖行日記，不思進德，賢者自是而生驕慢，不賢者自棄而生忌嫉，便是亢龍一爻。

潛、見、惕、躍、飛五爻之心，便是善，便是天理，便要充。亢一爻之心，便是過，便是人欲，便要遏。能充此善，能遏此惡，能存此天理，能去此人欲，則謂之乾，謂之元亨利貞，謂之天人合一，而無負於今日之講《易》。不能充此善，不能遏此惡，不能存此天理，不能去此人欲，則不謂之乾，不謂之元亨利貞，不謂之天人合一，而今日之講《易》，徒成一番空話。兩者具存，諸君其敬擇之。

附講易餘義❶

知至知終

《文言》九三「知至至之」四句，朱註頂上「進德修業」。或以「幾」屬知，「存義」屬行。夫知至、知終，皆知

❶ 按，即指《知至知終》、《上下無常》、《亢龍》、《先天弗違》四篇。

也；至之、終之，皆行也。分屬知行之説，固謬矣，即進德、修業之事，已盡於上文「忠信」「修辭」中，何必又申此二句？且亦未見其確然不可易。所以從來註説疏義，至此四句，便依樣葫蘆，混混放過，至今積爲疑義。愚謂《文言》之言，句句貼切爻辭，則讀《文言》者，當各就本爻，細細體認。初九、九二二爻概可見矣。九三一爻，其辭曰「乾乾」，曰「惕」，曰「厲」，大概俱有憂危之辭，警戒之言。蓋九三性既重剛，所處之位又在下卦之上，居高履危，自當比諸爻分外兢業，故忠信、修辭，所以善其體也，立身之誠也；知至、知終，所以善其用也，應事之明也。知至、知終，只是一事之來，見其始又能見其終；至之、終之，則見到即做到，毫無失著。大抵事機之來，若平常人處平常地位，即事前事後看不到，做不透，總無甚大利大害；惟以聰明人處切要高危之地，一著不到，滿盤皆空，故於事機之來，最初一著，即要看到，看到即要做到。此君子審幾之學，故曰「知至至之，可與幾也」。然最初一著，雖看到做到矣，而末後一著，或精神照管不到，力量收束不來，能發之，不能收之，雖善審幾亦無益，則又貴於徹首徹尾，看到做到。此君子立義之學，故又曰「知終終之，可與存義也」。人能於立身則忠信修辭如此其誠，於應事則知至知終如此其明，自然處上位可，處下位可，故結之以「不驕」、「不憂」二句。如此看，不惟極切本爻，而文義亦極明暢。

上下無常

「上下無常」數語，直寫出湯武心事。蓋「上下無常」、「進退無恒」，而有爲邪、離群之心，則爲莽矣、操矣，罪不可逭矣，烏得无咎哉？惟其心在於及時進德修業，故无咎也。語婉而至，則知聖人處躍之時，亦是不得已而躍。湯曰：「予有慙德。」孔子贊武王曰：「身不失天下之顯名。」危哉！危哉！

凡聖賢，至道明德立之時，俱欲及時有爲，孔子之欲應公山、佛肸，孟子之歷遊齊梁，文中子、程伊川之上書闕下，皆是也。其跡近於躍，則在旁之人必有疑其爲爲邪、離群者，而不知聖賢之心，固欲及時進德修業也。無孔、孟、王、程之心，而沾沾然託於進德修業，固爲無恥之小人；有孔、孟、王、程之實，而必拘拘焉避爲邪、離群之跡，亦非自信之君子。明道先生曰：「凡人避嫌者，中不足也。」故孔子釋此爻又曰：「進无咎也。」説出一「進」字，亦是壯聖賢之膽，若曰既信得過，則只便如此做去。聖賢行事，青天白日，天下人自能見之，若終身畏首畏尾，如何得長進？

亢龍

天下道理，惟「經」、「權」二字。守經之學，賢人皆能之，至於行權，非聖人不能。龍而至於亢，時之窮矣。窮則變，變則通，惟知進知退、知存知亡之聖人，能權之而不失其正；若執定死煞道理，未有不至於悔者，即所謂「貞凶」也，與所謂「浚恒凶」也。使堯不禪舜，舜不禪禹，道理何常不正，只四凶不去，地不平，天不成，便有無限大悔。

先天弗違

「先天弗違」二句，註訓「意之所爲，默與道契。知理如是，奉而行之」。以「道」、「理」二字釋「天」字，似未豁然，且「意之所爲，默與道契」，即以善人能之，何名爲大人乎？看上文「天地日月，四時鬼神」，與下文「況於人乎，況於鬼神乎」句，則「天」明是指氣數之天。「先天弗違」，猶言挽回氣運也。堯舜之時，地不平，天不成，而堯舜禹能使之平成；孔孟之時，人心不正，亂臣賊子不懼，而孔孟能使之正，使之懼。這便是「先天弗違」。然堯舜之時，天意在賢，則不傳子而傳賢；禹湯之時，天意在子，則不傳賢而傳子；孔子知道不可行，則退而贊述；孟子知時不可得，則退而著書，所謂「後天奉天」也。如此方見得大人心胸力量。註説似拘。

人當季世，窮而在下，只做得後天奉天學問。然處末流之中，而不爲末流所轉，修德著書，以教後學，以淑來世，便是貞下起元，便是先天弗違力量。

論語首章講義

吾輩學爲聖賢，不過欲成就自己一個人品。怎麽叫做人品？只此章書中「君子」兩字便是。這「君子」兩字，不是小可的。先儒説「君子，成德之稱」；若淺淺説，不過有才有德、體用兼優，便可謂之君子；若論其極，畢竟要才全德備，成己成物，參贊化育，能與天地並立爲三，然後可謂君子。

這君子的字，如何便可以承當得？不是天生下來現現成成便可以爲君子的，若必要天生現成，則自天地開闢以來，不過堯、舜、孔子一二人而已，自此以下，便絶君子之望了。然仔細看來，就是堯、舜、孔子，生知聖人，也不是天生下來現成便可以爲君子。何處見得？只此章書「學而時習之，不亦説乎」這一個「學」

字。若論起生知聖人來，似不消更説學了。然孔子嘗説：「十室之邑，必有忠信，不如某之好學。」又曰：「好古敏求。」則知生知聖人也只是個「學」字。

學是學個甚麽？不過《大學》所謂「明德、新民、止至善」而已，而其要處，只在「時習」。孔子説「吾十有五而志於學」，以至三十、四十、五十、六十、七十，時時上達，實時時下學。只此便是時習的榜樣。其間立與不惑，及知天命、耳順、從心，這便是效驗處，便是説處。聖人如此，賢人如此。生知、學知，無有二義。既認得這一個「學」字，則自此以往，便無非學問了。

方纔説「大學之道，在明明德，在新民」，時習而學，便是明德了，自此全要公此理於天下之人。公之於人，即是《中庸》成物。不成物，終不能成己。然成物亦不是自己把道理去送與天下之人，求天下之人來學我這道理的。自己只是一個時習而説，漸漸自鄉而國，自國而天下，凡有賢者，自然來就我切磋，聽我講論，陸子静所謂「南海北海，心同理同」也。此時境界，我固説，朋友亦説，人己交説，豈不是個樂麽？學問到此地位，若在上古世界，自然大德受命；在中古世界，自然言揚行舉；即在末世，亦自然鄉里交稱，公卿延譽，斷然没有個人不知的，況朋自遠來，亦不可謂全然不知矣。

然孔子又畢竟説個「人不知而不愠」，爲甚麽緣故？只爲聖賢念頭，其生平學問，不止是要成自己一個虚名，須是要得位行道，參天地，贊化育，纔成得一個己，纔成得一個「學」字分量。所謂人知者，合天下之人，自天子以至於庶人而言也。得位行道，則如龍之在天，雲行雨施，萬物咸仰，然後可以謂之人知。若只幾個朋友知得，於我雖似有名，於天下全然無益，故孔子嘗歎人不我知，孟子亦有不豫之色。自常人看來，似孔孟亦有愠了，然孔孟之歎與不豫，是憂不是愠。愠與憂不同。憂者爲天下而憂，愠者爲一身而愠也。憂字公，愠字私；憂爲義，愠爲利。此處打併不乾淨，到底只是個有所爲而爲，學問都無是處，并從前所謂「時習」、「朋來」都是假工夫，所謂「説」與「樂」都是假意氣，與聖賢作用天地懸隔，如何唤得君子？所以聖人必要推勘到學道之人至隱至微處。

朱子註「愠」字曰「含怒意」。説一「含」字，則知胸中略有走作，略有芥蒂，皆含也，則皆愠也，含愠則非君子也。吾黨既知此意，則知學爲聖賢，不過一「時習」、「朋來」也，不要管人不知也，不要管工夫，只是循循勉勉，到得位天地、育萬物也，不過本分内事，未嘗少加。即遯世不見知，亦是本分内事，未嘗少損，有何可喜？有何可愠？故學問到處處能「人不知而不愠」者，即其能參天地、贊化育而不矜者也。至此方成得一君子，方是一個人品。其要處只在一「學」字，吾輩豈可一日不講學？

太極圖説講義

周子《太極圖説》，向原在《通書》中。《通書》原名《易通》，是周子讀《易》有得，筆而成書，不必拘拘於《易》，而亦無非是《易》，故名《易通》。太極云者，即《繫辭傳》所謂「易有太極」是也。周子讀至此處，恍然有得，遂舉筆爲圖，圖成復爲説。以「太極」一語在《繫辭》上，故此圖此説亦只在《通書》後半部中。朱子以此圖此説爲道之根蒂，一書之綱領，故特挑出置於卷首。

後人見此圖説爲前人所未有，便以爲創此圖説，不知周子原只是根本《易經》，發揮太極，其實是述，原未嘗作；其實是因，原未嘗創。然此圖此說，周子雖未嘗創作，其實周子以前，無人曾作；周子以後，無人能作。則此圖此說，原畢竟獨歸周子。

此一圖說者，彌綸天地，囊括萬物，究陰陽始終之原，明天人合一之理。今日諸公在座，要儀講說，儀若摘舉中間意義，則在座諸公中倘有未晰文義者，豈堪遽及精微？若句釋字解，則朱子註解已是説得分明，諸公俱可自讀自會，何必儀爲代誦？無已，則將《圖説》大義，略略衍説一番，俟大義既明，然後互相問答，更論精微，何如？

儀嘗謂人生有一件絶大疑惑，不過是生天生地生人而已；有一件絶大學問，不過是講明天地之所以爲天地，人之所以爲人而已。這個道理，惟《易經》上邊稍稍言之，然渾樸精深，未盡刻露。故周子復爲此圖此説，發明其義。圖之所以爲圖，不過原是《易》書中意思，周子衍之，亦不爲奇。最奇特者，周子特特發出「人極」兩字，此是天地以來未發之祕，又是天地以來本有之理。從來先儒説人身小天地，此語人人知道，卻未見得實落處。一閲此圖，真個是人與天地，毫釐絲忽，點滴不差，不得不推爲孔子以後一個小聖人也。

今且未暇細説，只將《圖説》依文解去，便自見得。《圖説》一篇，約略分五段看。自「無極太極」至「本無極也」，言道之生天地，即「易有太極，是生兩儀，兩儀生四象」也。自「五行之生」至「變化無窮」，言天地之所以生人，即「天命之謂性」也。自「惟人也」至「萬事出矣」，言人之所以合天，即「率性之謂道」也。自「聖人定之以仁義中正」至「修吉悖凶」，言盡人合天之學，即「修道之謂教」也。「故曰」以下是總結一篇之意。

周子説，今人戴天不知高，履地不知厚，以爲是天地而已矣。試思天地未有之先，何以忽然而有天？

忽然而有地？今人有身不知貴，有萬物不知愛，以爲是人與萬物而已矣。試思未有人與萬物之先，何以忽然而有人？忽然而有萬物？此處看不明白，便異端雜説足以欺之。列子斷鼇立極，徐整盤古九變，荀子性惡，告子本無仁義，何處見得他是？何處見得他不是？豈不是絶大疑惑，絶大學問？自我看起來，《繫辭》上説「易有太極，是生兩儀」，便是説天地之原起，但太極是甚麽東西？説個「有」字，自不知者觀之，得無認作一物否？這太極不過是理。理是無形的，無所謂極，而實太極，是爲「無極而太極」。這太極何嘗會動静？但天地是個陰陽，陰陽是個氣，氣自然有動静。然其動也，非無因而動也，必有當動之理而後動，這便是太極動而生陽。其静也，非無因而静也，必有當静之理而後静，這便是太極静而生陰。其動静也，又非一動一静而遂已也，理必循環不已，這便是静極復動、動極復静。動静之久，則分陰分陽而兩儀立，兩儀立則五行生，五氣布而四時行。究竟五行不過一陰陽，陰陽不過一太極，太極不過一無形之理而已，這便是生天生地的根因。

那生天生地説起來不過是幾句，這時卻有好一會。邵子《皇極經世》，一元分十二會，每會該一萬零八百年，子會天開，丑會地闢，則生天生地，已准准是二萬一千六百年了。還有一會，人生於寅，亦該一萬八百年。但邵子説的是數，周子説的卻是理，今且把周子的理來説。

「無極之真」至「變化無窮」一段，正説天地之生人也，然又説「五行之生，各一其性」句，這是爲何？蓋五行之生上邊説未明白，將謂陽變陰合而生，則五行不過一陰陽而已，不知五行既生之後，便各具一性，是天地之間既有二氣，又有五行，算起來便是七樣了，如何去生萬物？不知其間又有個絶妙的道理。那無極之真，真者理也；二五之精，精者氣也；理與氣妙合而凝，渾成無縫，其間便生出許多人與萬物。這「妙合而凝」不要淺淺看過，有個渾淪的妙合而凝，是人與萬物公共的，所謂「統體一太極也」、「大德敦化」是也。有個細分的妙合而凝，是人與萬物各具的，所謂「一物一太極也」、「小德川流」是也。然所謂二五者，亦逐件分析言之也。究竟五行一陰陽，不過只是乾坤二氣，得乾道之多者成男，得坤道之多者成女。只這二氣交感，便化生出許多萬物，《易》所謂「天地絪緼，萬物化醇」也。既有萬物之後，則萬物各自生生而變化無窮，《易》所謂「男女媾精，萬物化生」也。這便是生人的根因。

此生天生地生人者，《易》書上邊俱曾説過，周子不過借圖發明，亦未爲奇，獨是人之所以合天，《易》書上邊只説得「大人與天地合德」一句，不曾細細將天地間人盡數與天地配合，周子卻將天地間人盡數與天地配合，又不是矯揉造作，真是奇特。其言曰，人與萬物雖同是無極二五所生，然惟人則是得其秀而最靈。試將人來配天地看，天地靜而生陰，而人之形則陰之所生也；天地動而生陽，而人之神則陽之所發也。知天地有五行，而人之五性則五行之所稟也。天地有妙合而凝，而人之五性則有感動。天地妙合而凝，則男女出；人性感動，則善惡分。天地一生男女，則男女自會生出許多萬物；人心一有善惡，則善惡自會做出許多萬事。且看那一件不與天地相似的麼？既與天地相似，則人人自當與天地合德，所謂「人皆可以爲堯舜」者。

乃人之品格萬有不齊，此爲甚緣故？只爲不曉得「人極」兩字。不曉得人極，便不能立人極，惟聖人則「定之以中正仁義而主静，立人極焉」。中正即《易》中「龍德中正」之中正，仁義即《易》中「立仁與義」之仁義，定即所謂品節以齊一之也，靜即太極之本體。太極以靜爲本體，以動爲用，人極亦以靜爲本體，以動爲用。周子自註：「無欲故靜。」無欲「無」字，直與無極「無」字一樣。看天地一有所著便落氣，惟不落氣，故謂之太極。人心一有所著便入欲，惟不入欲，故謂之人極。是主靜者，即主於理也，無欲則純乎理矣。「立」字尤見得主靜是體，蓋體立而後用行也。「人極」兩字雖是創闢，然與太極原不是兩個，在天地言，則謂之太極，在人心言，則謂之人極。總之，只是個理字，在人身上親切看來，又只是個性字，故程子説「性即理也」。如此看來，聖人豈不與天地合德的麽？既與天地合德，則自然與日月合明，與四時合序，與鬼神合吉凶矣。此是《中庸》上説「自誠明」之聖人。吾輩人人原具有聖人本體，原該人人與天地合德，只爲氣質既殊，便不得不用工夫學力，所謂「修之」也。修之便是君子。《中庸》上説：「自明誠，謂之教。」蓋通大賢以下，凡湯武一輩，皆是也。下此便氣質益殊，又不肯用工夫學力，所謂「悖之」也。悖之便是小人，這小人不是生而小人，小人亦得天地之秀，形生神發，具有五性，亦件件與聖人一般，只是不肯用工夫學力，不肯「定之以中正仁義而主靜，立人極」，便恰恰做成了一個小人。他要做小人亦無奈他何，只是周子「吉凶」兩字下得好。如何叫做吉？吉是好處，好處只管上達，上達到極處總謂之吉。如何叫做凶？凶是不好處，不好處只管下達，下達到極處總謂之凶。君子修之，只是個人，到後來極至處，與天地合德，直與天地參，那個吉豈不是個吉麽？小人悖之，悖之亦只是個人，到後來極步處，不能與天地合德，直與禽獸伍，那個凶豈不是個凶麽？

這樣看來，天與地與人，總不過是這個太極。太極者，道也，所以《繫辭》上説：「立天之道曰陰與陽，立地之道曰柔與剛，立人之道曰仁與義。」陰、陽、剛、柔者，天地之道也，即所謂太極動靜者是也。仁義者，人之道也，即所謂仁義立人極是也。不但如此，即生死之説，極是難知，然即此圖觀之，人之始生，不過得天地之理氣以爲形性，則其終死，亦不過還天地之理氣而已，一切幻妄之説，俱不足以惑之也。由此觀之，天地間絶大疑惑、絶大學問，只消閲此圖、讀此説，便自瞭然。周子真是孔子以後一個開天亞聖。然仔細看來，都不是周子一毫造作，都是《易》書中原有是理，故周子亦曰：「大哉《易》也！斯其至矣！」此是周子作圖立説本意。

吾輩今日看了此圖，讀了這説，不可徒作一番講論，要知安身立命卻在何處。吾輩今日只是「君子修之吉」一句，修之如何？「中正仁義而主静，立人極」是已。能立人極，則與天地參而吉；不能立人極，則與禽獸伍而凶，更無中立的道理。願同志諸公各自勉旃。

西銘講義

《西銘》一書，乃有宋横渠張子所作。有宋之世，大儒迭起，爲周、程、張、朱五先生。予嘗徧讀五先生之書，周子至矣，盡矣，孔子而後蔑以加矣。朱子其集諸儒之大成者乎！大程純而次程正。惟張子之書，則文義多艱深，如《正蒙》、《易説》、《經學理窟》之類，間有未盡合者，於四先生似稍遜，然後世卒與四先生並稱，此非過情之譽，原有個實落處。

伊川先生曰：「《訂頑》即《西銘》。之書，極純無雜，秦漢以來學者所未到。」又曰：「自孟子以後，未見此書。」朱子亦云：「《西銘》合下便有乾健坤順意思。」至註釋訓解，與《太極圖説》同，此卻爲何？只爲横渠作

《西銘》，其開闢力量，實有與他人不同處。其不同處如何？《西銘》一書，只是善於言仁。仁之一字，自孔門以來，無人識得。韓昌黎，唐之大儒，其作《原道》乃云：「博愛之謂仁。」夫仁者，以天地萬物爲一體，豈僅「博愛」二字可以當之？即云博愛矣，然其所以博愛之故，原有個源頭，而一總博愛之中，又有個差等，此卻從無人知道，從無人説過。張子説：「乾吾父，坤吾母，予兹藐焉，混然中處。天地之塞，吾其體；天地之帥，吾其性。」這便是博愛的源頭。「民，吾同胞；物，吾同與」至「顛連無告者也」，便是博愛的差等。蓋源頭不明，雖有博愛之心，終不親切，爾爲爾，我爲我，何處見得必當博愛？稍一退轉，便漸漸走入楊氏爲我一邊去。惟見得乾真是我大父，坤真是我大母，吾之體即天地之氣，吾之性即天地之理，則凡天下之人，皆是父天母地，皆是同得天地之氣以爲形，天地之理以爲性者，然後對天下之人覺得親親切切，真真實實，雖欲不博愛，而自然不能不博愛也。差等不分，則一聞博愛之説，便無主意，此亦當愛，彼亦當愛，何處見得有分别？略一認真，便浸浸陷入墨氏兼愛一邊去。惟見得民乃是我同胞，物僅爲我同與，而同胞之中，大君又爲宗子，大臣又爲家相，高年爲吾老，孤弱爲吾幼，聖賢爲合德秀出之子孫，疲癃、殘疾、惸獨、鰥寡爲顛連之兄弟，然後對天下之人覺得有條有理，有倫有脊，雖未嘗博愛，而實未嘗不博愛也。合而觀之，豈不是個天地萬物爲一體麽？

既知天地萬物爲一體，則畏天樂天，如人子之於父母，自有不容已者，故曰「于時保之，子之翼也；樂且不憂，純乎孝者也」。其有不知天地萬物爲一體而違天、害仁、濟惡，是謂悖德之子、賊親之子、不才之子。其能踐形盡性，不虚天地之賦畀者，惟天之肖子耳。天之肖子如何？有窮神、知化之聖人，此即天善繼、善述之孝子也；有不愧屋漏、存心養性之賢人，此即天無忝所生、夙夜匪懈之孝子也。試以徵之古人。有以善自治者，如惡旨酒，此崇伯子之顧養也。有以善及人者，如育英才，此潁封人之錫類也。有先天而天弗違者，如舜能得親而使親底豫，此舜之功也。有後天而奉天時者，如申生不能違親而坐以待烹，此申生之恭也。有處常者，此體其受而全歸之參乎！有處變者，此勇於從而順令之伯奇也。總之，識得此意，則處順境而富貴福澤，固是天之厚吾之生；處逆境而貧賤憂戚，亦是天之玉女於成。而生則順而不悖於天，死亦寧而無愧於天矣。果能如此，豈非渾然是仁而與天地萬物爲一體乎？

然《西銘》不但是善於言仁，兼亦善於言義。程子曰：「《西銘》明理一而分殊。」龜山楊子曰：「知其理一，所以爲仁；知其分殊，所以爲義。」義即是仁也。仁是義之統體處，義是仁之條理處。而今學者要識得仁義，須是如何？亦曰「居敬以窮理」而已。居敬則仁之體存，塞爲吾體，帥爲吾志，恍然與天地同其量也；窮理則義之用見，民吾同胞，物吾同與，油然使萬物各得其所也。故居敬窮理，爲千聖千賢入手之關鍵。學者讀《西銘》，識仁體，不可不講求仁之功，欲講求仁之功，不可不於「居敬窮理」四字加之意也。

高顧兩公語録大旨

今日是東林秋祭，仲丁講期，承彙旃先生之命，遠邀會講。儀空疏無似，齒德俱卑，豈敢漫然自命曰講？惟兹東林是高、顧兩先生昔年講學舊處，無已，則願以當日兩先生講學之旨，稍一述之，可乎？

有明學脈，衍於國初，著於宣、統，爛漫於正、嘉，訾亂於隆、萬。何以言之？國初之學，如宋景濂、方正學，皆與聞其略而衍其緒者也。宣、統則有曹月川、薛文清諸公。是時，諸公專尚躬行，不爲口耳，進而居官，務修職業；退而林下，略有講貫，無聚徒講學之風也。至正、嘉時，湛甘泉、王陽明諸先生出，而書院生徒乃徧天下。蓋講學於斯爲爛漫矣，而陽明良知之學爲尤盛，龍溪、心齋諸公繼之，漸流漸失。迄於隆、萬，此時天下幾無日不講學，無人不講學，三教合一之説，昌言無忌，而學脈之瞀亂，於斯爲極，不惟詘紫陽，幾祧孔孟。吁！亦可畏哉！自高、顧兩先生起，始挽其衰而救其弊。

間嘗讀兩先生書，而識其用心之旨焉。端文先生《小心齋劄記》開卷第一行便説：「惟知性，然後可以言學；惟知學，然後可以言性。」忠憲先生《遺書》開卷第一行便説：「學必由格物而入。」此兩言者，皆前聖前賢所已言，又庸人衆人所能言，而兩先生以此爲開卷第一義，此卻爲何？只爲當時正、嘉、隆、萬以來，專以無善無惡爲性，不學不慮爲學。以無善無惡爲性，不知性矣，故曰：「惟知性然後可以言學。」以不學不慮爲學，不知學矣，故曰：「惟知學然後可以言性。」又當時純講良知，則《大學》之學，至「致知」而止矣。是學不由格物而入，非聖經之本來也，故曰：「學必由格物而入。」玩「必」字，意可見。

按「性」之一字，在堯曰「峻德」，在舜曰「元德」，其相傳曰「執中」，曰「道心」，峻與元與中與道皆善也。即在凡民曰「降衷」，曰「秉彝」，衷與彝，亦善也。《易·繫辭》曰：「一陰一陽之謂道，繼之者善也，成之者性也。」此則明明説出一「善」字。孔子曰：「性相近也。」相近亦只是相近於善，當時別無異議，自告子出而始有「無善無不善」許多議論，孟子辟而闢之，已廓如矣。不意陽明晚年天泉證學，乃提「無善無惡心之體，有善有惡意之動，知善知惡是致知，爲善去惡是格物」四語作宗旨。陽明之意，亦以爲天命之性，不落形迹，不可以善惡言，故有「眼中金屑」之喻。豈知當日流弊，即有提四無爲宗旨者，以爲性既無善無惡，意亦無善無惡，知亦無善無惡，物亦無善無惡，而專以不學不慮爲工夫，遂至胥天下而爲告子，爲禪學也。不學不慮，無善無惡，他們亦自覺有破綻，便道：「學慮不過全其不學不慮之體。」又曰：「無善無惡乃爲至善。」亦自説得好在，但其弊病處，羅念庵説得最切，有云：「但知即百姓之知，能以證聖賢之精微，不肯反小人之中庸，以嚴君子之戒懼。」故當時端文直指爲「告子」，忠憲竟目爲「無忌憚」，非過當之言也。

在座諸先生試思，性之爲物，人人有之，請自按一按，性果渾然至善者乎？抑無善無惡者乎？若粗粗看去，天命之初，無有一物，未發之時，亦無一物，與禪家所謂「原來無一物」者意極相似，豈非無善無惡？然子思言「天命之謂性」，孟子言「萬物皆備於我」，朱子言「沖穆無朕之中，而萬象森然畢具」，正與禪家所謂「原來無一物」者恰恰相反，安得謂之無善無惡乎？陽明之差，禪家之謬，大約以善爲有形迹，故説個無善。忠憲公説得好，無聲無臭即至善也。陽明以善爲有聲臭，故説無善無惡，豈知善固無聲無臭者乎？斯言得之矣。彼云「眼中金屑」，夫性之有善，猶眼之有明，非金屑比也。

抑儀更有説於此。人性之善，不必在天命上看，正要在氣質上看。何以言之？性字是公共的，人有性，物亦有性，禽獸有性，草木有性。若在天命上看，未著於人，未著於物，人之性即物之性，物之性即人之性，無所分别也。無所分别而謂之至善，則人至善，物亦至善。何以見得至善必當歸之於人？惟就氣質之性上看，則人之性不同於物之性，禽獸之性不同於草木之性。人得其全，物得其偏；人得其靈，物得其蠢；人得其通，物得其塞。其爲至善，必斷斷屬之於人無疑也。故人之性善，正如火之性熱，水之性寒，馬之性健，牛之性順，全在氣質上見。間嘗以四書五經證之。《易》言「成之者性也」，又曰「成性存存」，《書》曰「厥有恒性」，《詩》曰「天生烝民，有物有則」，《禮》曰「人生而静，天之性也」，孔子「性相近也」，孟子「則故而已矣」、「乃若其情」與夫「命也，有性焉」、「犬之性猶牛之性，牛之性猶人之性」，俱就氣質上看，即《中庸》「天命之謂性」一句，亦兼人物，亦言氣質。以天命與氣質分言，始於宋儒，然宋儒亦是欲分明善惡之源流，故强爲分析，非截然二之也。故程子曰：「人生而静以上，不容説，若説性時，便已不是性。」亦是見得性必著氣質而後可言性，不可只於天命上添説話也。人苟實見得此理，則天命之性固是至善，氣質之性亦是至善，學問之功愈不可少。何以言之？天命之性，渾然至善，固不須學問，而亦著不得學問。氣質之性，幸不同於禽獸草木矣，然不學，則善者亦歸於不善。且看禽獸草木同是氣質，惟不知學，不能學，則終不能善。故曰：「人爲萬物之靈。」故曰：「人之氣質之性亦至善也。」

但今人議論，往往好高，喜説至高妙處，不喜説至平實處。常記伊川之門有一學者問六十四卦，一友云：「正不須得，只乾坤足矣。」伊川曰：「要去誰分上使？」曰：「聖人分上使。」伊川曰：「聖人分上，一字也不須得。」聖人分上，所謂純乎天命者也，聖人更不須一字。然孔子曰：「吾學不厭而教不倦。」又曰：「好古，敏以求之。」而況未至聖人者乎？故凡聖人有言，皆是爲下學，若只説自己本體光明，無善無惡，謂之自誤。又説人本體本自光明，不須學慮，謂之誤人。自誤、誤人，欲同人於禽獸草木者也。故兩先生開卷即竭力言之，學者不可輕易讀過。

桴亭先生文集卷二

太倉陸世儀道威著

書

按，先生別有《論學酬答》四卷，係門人許舜光諸子所輯，兹已專栞，不復入集。

辭毛卓人學博請開會講書

承台命，以新歲開學之初，向來沿習舊例，優伶雜進，殊非學校之禮，因欲延請學行之士，講明性學，此誠甚盛舉也。某嘗言，講學一事，此雖人人所當爲，然爲學校之官乃得而專主之。蓋學校所奉者孔孟，所同者禮義，所申明者人倫，所相對而切磋者師弟子，故以師儒之官而爲講學之事，此真切己本分。官方非泛然聚徒講學者，猶有好名標榜之嫌也。況以台臺之才，又承古庵先生之家學，以此表率當時，摩礪一邑，爲東南特開風氣，其孰得而禁之？某朽質鈍材，爲世所棄，閉户學古，亦步亦趨，聊自飭耳，未可以告人也。承命極欲效扶杖圜橋之意，追隨父老之後，適以家姊六十，攜榼南村，早發暮歸，未得如願。且盛意所云「敦請學行矜式一方」，則某尤非其人，更不敢當。所由瞻望門牆，欲前復卻也。苟不棄迂鄙，願於宴閒之时，掃室焚香，執經請教，諒高明其亦許我。發舟悤悤，不及躬辭，特使馳謝，臨楮悚仄。

答楊亮聞論居敬窮理書

前來貴地，滿擬朝夕把握，不意咫尺反成間阻。每憶南樓晤語時，使人神往。承問居敬窮理入手處，只居敬窮理便是入手，不必騎驢覓驢。但須先認得「敬」字親切，不可豫將書傳上老頭巾話填塞胸中，依樣葫蘆，便易入板腐一路。敬只是此心時時刻刻可對神明，可對上帝，根本一立，自能觸處洞然，然後將此心去窮理。細而一念一慮之微，大而萬事萬物之衆，時時刻刻辨個天理人欲，久久如此，便爲聖爲賢，參天地，贊化育，都非難事。至云《中庸》「戒懼」似止言居敬，《大學》格致似止言窮理，則又有説。《大學》一書備言條目工夫，豈有遺卻居敬之理？止因格致一傳，錯簡在聖經中，朱子遂自爲補傳，而另欲以《小學》補「敬」字。弟前有《格致補傳》之刻，正爲此意。想仁兄尚未之讀耳，試取而一再味之，何如？若《中庸》則止言道體而不及工夫，故似乎不言窮理，然通篇備言聖賢、天地、治道、鬼神，無非窮理，須融會觀之可也。究之，兩者只是一事，居敬而不窮理，則敬爲落空；窮理而不居敬，則理爲枝蔓。來札所云，戒懼爲根本，格致爲工夫，則真得此中三昧者耳。草草數言，未及詳盡，吾兄高明，自能擴而充之也。

再答張芑山書

自庚子冬得先生手教，即齋沐答書，同拙刻《講義》二篇、石隱《字説》書三卷、寄肇易升書，俾轉寄劉瑞老家郵筒，意旬月之間必達宛陵。乃於丙午之冬，見先生寄升書札，前所答書竟未克達，豈瑞老家人浮沈不寄耶？抑先生又有遠遊，即寄而未呈左右耶？承垂念拙著《思辨録》，諄諄以鋟板爲問，足見好德之切。弟承尊諭「宜嚴訂定，毋輕授梓」八字，銘之心腑，謹藏笥篋，欲俟我芑山惠教吴中，呈求訂定。乃於辛丑之冬，忽遭大祲，依友人安義令毛如石乞水西江。如石索弟書鋟刻，弟述我芑山之意，期期不可，而如石以爲機會難得，訂正可俟，遂竟授梓。時雖在貴地，不惟芑山先生不可覓，而寥寥無徒，鮮知我者。冒昧一刻，未及論定之憾，知他年不能免矣。然弟之札記此書，豈有心於千古，而必以我之説爲是，他人之説爲非耶？始焉命名爲「思辨」，蓋即以爲學問無窮，而所知有限，有俟乎友朋之正其失而告之也。乃藏諸笥者有年，而友朋之見之者希，告之者鮮，則託諸梓而冀四方之友朋多見其書，而告其失，倘亦就正有道之一助乎？即不然，當吾世而不可得，或千載之後有人焉，執是書而勤攻吾闕，如近日吾芑山之於朱子者，又豈非大幸耶？則何必斤斤焉以其説之必出於我，以我之説爲必是而後爲愉快耶？此《思辨》拙録之刻所以屢欲止之而竟不獲終止也。高明亦或有以諒其心矣。欲郵寄一部呈教訂正，因江西印刷後歸散友生都盡，買紙無貲，不獲再印，無以就正，如何如何！《講義》數篇與《格致補傳》及近草《性善説》，謹附奉覽，惟先生斧削而是正之。何日得過吴門，俾執書親承指教，兼讀向來大著？望切！望切！

答晉陵湯公綸論學書

來書云：昨坐諸先生春風中半日，披襟快談，令不肖弟學道之志益堅，始知賢師友不可少，在今日尤急。且歎吾師伯河先生，在敝郡無一人相識，獨力撑持，卓立更難。諸先生聞聲相思，足徵同志之切，爲道之深也。鄙意謂今日道學之不明、不行，端由師友之教不立。蓋天之生人，中材多，而上智、下愚絶少。中材之人苟得賢師友耳提面命，皆可進於道，縱不能盡登堂入室，優入聖域，亦不失爲善人。天下善人多，即吾道之幸，斯世之福。不然，中材而暴棄，其爲患更甚於下愚。下愚氣質極昏濁，雖不受鞭策，然無陸梁跋扈之患。中材之人胸中稍有知識，稍有才能，莫不欲自見，若不得一明道人指示，其知識才能皆足以佐其爲邪爲惡之具，或陷溺於聲色貨利，或流入於外道異端，惑人心，壞世道，斯文一脈，幾爲長夜，數十年來天地竟開殺運，皆此輩人釀之也，可不痛哉？今先生與二三同志砥節立行，迴狂瀾於既倒，續一綫於將墜，身世學問，有體有用，惓惓接引後學，其爲天下萬世計，實爲吾道大幸。日者不以詒爲愚不肖，收入道契之末，自此以後，伏惟憫其所不能，誨其所不知，有善輒以相告，有過輒以相規，詒雖極其懦鈍，亦當發憤自勵，決不忍負吾父吾師吾友之教益，而自外於賢人君子之列。大約吾黨成就一個好人材，所成就者將不止於一人，關係甚大。先生不棄，乞將近日於身世最得力之處，可舉示一二，以豁愚蒙，歸時即持以報吾師伯河先生，兼示一二知己，則先生吾友也，而實師之矣。

天下人才不易得，人才而能留心正道者，尤不易得，留心正道而復能孳孳好學，不墮玄虛，❶不流清談者，更不易得。自尊駕過訪之後，又贈以尊詠，賜以尊刻，接其人，讀其詩，語言筆墨之間，心術性情盎然流露，而儀臣静觀樓一晤，尤見道兄師友淵源。道兄非伯河，固無以啓迪於前；伯河非道兄，亦無以昌明於

❶「玄」，原作「元」，今據康熙本改。

後。只一二人已足，何必致歎於同里之無人哉？道兄謂道學不明，由師友之教不立，誠然誠然。天地間未嘗無師友，特患無尊師取友之人。孟夫子有言：「一鄉之善士，斯友一鄉之善士；一國之善士，斯友一國之善士；天下之善士，斯友天下之善士。以友天下之善士爲未足，又尚論古之人。」夫天下之友皆可友也，有何限制？而孟子斤斤然拘之以資格，別之以等第，若不可一毫假借者。蓋師友自在天下，而所以尊之取之者，全在本人自家力量。譬之飲酒，酒固自佳，而飲之者或一斗而醉，或一石而醉，則存乎其人。然則非道兄性行之純，好尚之正，雖有伯河先生，亦安能師？而於弟輩寂寞無聊之人，亦何所見而與之爲友哉？更承下問，欲弟「於身世得力之處，舉似一二」。❶夫弟初無得力，豈能自誑誑人？且弟於道學一途，尤不喜言宗旨，以爲此分立門户之漸。孔孟之學，如天之無不覆，如地之無不載，亦何必沾沾舉似一二語以爲言者？然而甘苦自知之處，與前人暗合則有之矣，所謂「居敬窮理」是也。居敬窮理乃程朱教人入手法門，真徹上徹下、徹始徹終之語。弟初下手時亦未嘗有心爲此語也，平日自勵，以「心爲嚴師，隨事精察」八個字做主，做來做去，漸漸悟入，乃知只在此四個字中。又此四個字，原非添出，只《大學》「明明德」、「格物致知」，《中庸》「尊德性而道問學」便是，則知吾人身心要語，聖賢書卷中已自道盡，特吾人不能以自己身心一印證之耳。《思辨録》第一册，前小兒已送到，第四卷中正詳言此事，道兄或可於此處一詳覽之也。

❶「似」，此爲轉引來書之語，似當依來書作「示」。下「似」字同。

答潁上盧儋石廣文書

某自交公綸，即知有儋石盧先生者，人品之大，學問之博，愛賢之誠，宅心之虛，蓋當今之大賢也。夫居今之世，處則爲名高，出則爲厚利，誰能自外於名利之間者？而先生寄跡儒官，絀身存道，進無干禄之誚，退無獨學之失，可不謂大乎？小儒專己守殘，自章句而外，且不能旁窺一字，而先生博綜三教，漁獵百家，可不謂博乎？一長之士無不接，一行之善無不求，略富貴而訪友於隱流，盡境内而問交於境外，非愛賢之誠而能若是乎？夫如是，是亦可以足己而自是矣。而先生自視欿然，舍己從人，樂取爲善，非此心至虛無我，誠於爲聖賢而能之乎？某鄉曲小儒，承先生之愛，進而教之可矣，而貽書過奬，愧非敢當，然自此恃先生之愛，益不敢自外矣。

先生於某論學書，頗有取於心性、一貫、論《易》諸篇，以爲論《易》尤有當，而廣取東坡、龍溪、白沙諸家之言以相印證。夫先生之學，至博之學也，某豈能以涓埃之微，上益高深？然而竊有請者，則願先生於「一貫」二字更加之意也。蓋天下學問之事衆矣，上自孔孟之道，下至於稼圃巫醫，皆學問之所存，則皆君子之所當究心也。然而力固有所不及周也，豈特合道術之多而力有所不周？即同一道也，而道之中有紛歧純駁之異趨。同一術也，而術之中有是非真僞之異情。誠欲周知而靡遺，雖以生知之上聖，竭畢世之精力，而有所不能也。《易》曰：「君子學以聚之，問以辨之，寬以居之，仁以行之。」《中庸》曰：「博學之，審問之，慎思之，明辨之，篤行之。」《論語》曰：「君子博學於文，約之以禮。」《孟子》曰：「博學而詳説之，將以反説約也。」

蓋君子之學，其始必由於博，其終必歸於約。約非徒治其心之謂也，獨治其心，此端本清源之學，象山先生申明已久，然學者失其指歸，往往入於空虛而無用。夫君子尊德性而道問學，既治其心矣，則學問皆心性中之事，豈可以不講乎？學問不可不講，而又不可以多學而識，故一貫之道要焉。夫何以謂之一貫也？貫者穿也，猶今之以索貫錢，錢雖數累萬億，可以一索貫之而靡遺。學雖歧途百千，可以一道貫之而無外。其道云何？孔孟之道而已。天下惟有一道，則天下惟有一孔孟。孔孟以前之道，始於堯舜禹湯，必結聚於孔孟而始有歸束。孔孟以後之道，散爲諸子百家，必折衷於孔孟而後爲無弊。他無暇論，即如先生之所稱東坡者，此學問中之所爲文章家者也。文章一事，由孔孟而言，則文以載道，辭達而已矣。至一汩於文章家，則有《左》、《國》、《史》、《漢》，筆力之不同，大家小家，家數之不一，聲辭局法、疎密巧拙之異致，即此一事，已足使英雄之士，窮年盡力，頭白老死於其中而不能自出矣，況文章之外，其爲學問又有不可勝窮者乎？故某謂誠得一貫之旨，則凡文章家之言，合道者固多，倍道者亦不少。合者存之，倍者去之，其合足以爲吾資，其倍不足爲吾累。不獨一東坡也，龍溪調息不如嚮晦宴息之言，白沙生死不如原始反終之旨，論及於此，天下之道寧有外孔孟以爲言者乎？則夫二氏百家，又豈有不折衷於孔孟而能貫穿無遺者乎？

今天下孔孟之道衰且久矣，某雖有見於此，而才弱力薄，不足以勝之。先生今日之有心人也，竊叩於公綸，其年力志氣，皆足以擔荷斯道，故不自揣而累札狂言，亦以冀先生之張皇開拓，爲吾道將來之一人也。區區不勝至願。時方病餘，五更屬草，不盡欲言，幸有以悉其微忱。

答睢寧馬功耋論處境遇書

千里之隔，未嘗覿面，偶見拙刻，遂相契如此，道兄誠可謂豪傑之士矣，只此便見此心此理之同也。所著不足辱觀，過承獎許，慚愧無已。所問二則，真切懇摯，皆從身心體認，不爲口耳之學，誠切問近思者也。所云「酬對往還，未能徧愜人情，以此爲病」，此道兄欿然不自足之意，然弟竊以爲過矣。大凡聖賢之學，求信己不求信人。愚弱不足諱也，若倨傲，則當自審於心，使果有倨傲之實，去之可也；若無其實，則聽之而已，何足爲病？孔孟家法，未嘗沾沾於毀譽也。至所以處此者，亦自有說。蓋人情少可多怪，見人學道便以爲迂，稍習則不以爲異矣。而學問工夫日積月累，不求信人，止求自信，久之而誠能動物，則駭且疑者，終歸於信且服。若因人之疑怪而刓方爲圓，不惟學問不成，究且反成頹落，古人所謂半途而廢者，此類是矣。弟輩二十年來，此境已一一身歷，道兄不足憂也。至如貧賤，乃士人之常，衣食粗足，可以閉門學道，便是樂境。讀書會友，只隨力隨時，不必勉强，即此便是中庸，何乃謂廢人也？盛族意外之禍，自不能連及善人，不惟天道本然，在人情亦有公論。藏書未必遽失，即失之，亦無可奈何。弟近日亦遭此，然亦未嘗以之累心也。大抵遇禍患之來，只是循天理應之，古人所謂「造次必於是，顛沛必於是」。止此學問，未嘗少有走作，安得不謂之中庸也？中庸只一個「時」字，時只一個「天理」字，天理又只一個「是」字。時時循天理，時時求一個是，則無之非中庸矣。聖人如此，常人亦如此，有何聖凡之分？禍多福少，正《西銘》所謂「玉汝於成」，君子處此，愈當戰兢惕勵，以答上天，庶不負生我之意。未識道兄以爲然否？

答江上徐爾瀚書

來書云：自戊戌秋獲親德範，退即不勝私喜，以爲斯道有人。嗣讀《酬答》一書，接聞所論出處之義，益見先生之理精用當，非誠有得於己者不及此。世或有因其跡而疑先生者，不敏獨信之深矣。迄去春駕臨敝邑者再，不敏值在鄉，未逮再承鴻誨，殊爲恨惜。後晤爾康、雲祉兩高足，知先生尚有不棄之意，深感雅愛惓惓，迨於今念之，未嘗晷刻忘也。近取所集《理要》，繙閱再過，簡不病於略，博不病於煩，而緒言之闡發，皆能造閫入奥，見古人所未見，雖未克遽測底藴，先生所學之正且大，已具見於此矣。故晨夕披對之下，即如見先生也。不敏質愚力弱，竊不自量，欲違世俗以爲學，而僻處下邑，無有道以爲之師表，甚覺特立之易仆，兢兢懼其終我奪也。今雖矢志未靡，而反之躬行，恥無寸進，言之惶恧，奚禁汗顔？先生學貫天人，才優伊、吕，無息之功，與時乾乾，則近日意必有竿頭更進者。「高山仰止，景行行止」，徒令不敏切嚮往之誠而已。久擬造謁，又以因循自怠，未能也。幸值翼微兄館於敝地，亦以不敏拙於晉接，尚未盡把晤之歡。兹聞端午返旆，謹附片羽修候，聊述不敏仰想之私，餘辭不敢盡贅，不識先生肯遺金玉，惠而教之否？言陋意促，并祈垂宥。

憶自戊戌之秋，承台兄惠顧於廣福山房，立談之間，弟即知台兄之學，非猶夫衆人之學也。衆人之學，其泛濫於文詞者弗論，即稍知信從矣，或竊附於影響，或鼓舞於意興，或出入於皮毛之間，而所造不深，或沿習於二氏之餘，而好爲高論。總之，無必爲聖人之志，則雖一時興起，亦終爲期月之守，半塗之廢而已。如台兄之學，則固幼而嗜好，長而躬行，讀書窮理，以求夫自得者也。尤可喜者，論説之際，好推伊川。夫伊川之學以視周子，則誠未能臻大而化之之境，若其謹嚴方正，則真後學之師表。每見聰明才智之士，一言學問，輒喜譚超悟，詆伊川爲束縛，究其意不過畏拘檢耳。畏拘檢則與「敬」字離，與「怠」字近，敬怠之分，君子、小人之所由辨也。台兄不惟不畏拘檢，而反樂稱之，則其所向之正爲何如耶？自此深欲求教，而台蹤踈闊，未識意旨如何，是以不敢冒昧前請。然而台兄之學，既至於此，知其決不止於此也。故每見爾康、雲祉，輒致惓惓，亦正爲斯道惜人才耳。而台兄惠然不棄，遠寄教言，且云某近輯《理要》書，簡不病略，博不病繁，因晨夕披對，而見某所學。嗟乎！今之讀理學書者，即《近思録》且以爲多矣，況《理要》乎？某此書成，未知誰一展卷，而台兄晨夕以之，尤足以徵台兄之功密而心細也。

至問及近日工夫，而欲某一言爲勖。夫某之工夫尚未知取信於台兄與否，豈敢妄言相勖？顧某不能已於言者，則以台兄之學幾幾乎自得矣。自得而不知所以爲自得，則至寶在前，將或失之，將同於日用而不知。夫所謂自得者何也？台兄所言「理一分殊」者是也。「理一分殊」四字，始於程子之説《西銘》，然正不自《西銘》已也。天下道理，總只盡此四字，小儒未得其旨，故於天下之理，凡平常易見者尚能分辨，一至紛錯變換、精微要渺之處，輒目瞪口噤，茫然不知所以，或是也誤執以爲非，輕也誤執以爲重，大也誤執以爲細，淺也誤執以爲深，從來賢智之倫，不能至於大而化、聖而不可知者，病皆坐此。某自庚辰之春，忽有得於此四字，覺得聖賢工夫隨事精察是起手，一以貫之是究竟，而此四字者，自精察而造一貫之梯階也。凡遇道理至疑難處，輒將此四字一舉看，其間分毫杪忽，皆能辨析。嘗謂邵子有得於陰陽老少，遇物皆成四片，若於此四字有得，則一片亦可，千萬片亦可，真入聖之要訣也。前台兄立談之間，便能舉此四字，弟深幸台兄之有得於此，而後此偶會，未聞續申其説。譬一古鑑在家，偶一試照，未遇識者道破，猶不免沉埋淹没也，即如來札論《酬答》書，深有契於出處之説，未知其爲受先者乎？次桓者乎？若受先云云，自是吾儒正理，次桓云云，寬以待人之辭耳，非究竟也。至如弟近日并非出處，以一退老諸生，而被當道之聘，輯理學書，此仍是處非出耳。台兄於此處下「理一分殊」四字，即見得分明也，由此而推，或律己，或律人，或讀書應事，窮理之方，總不出此，則雖由此而進於聖人，亦奚難哉？《論語》有言：「志於道，據於德。」又云：「知及之，仁能守之。」夫有所得矣，非深根固蔕，則終於失；有所見矣，非篤信固執，則雖能擇而不能守。此某所以不嫌冒昧而敢爲惓惓者也，未識台兄以爲何如？

答陳介夫書

來書云：自春仲晤先生於芳草堂，忽復歲莫，每懷德音，耿耿在抱。近以試事，至澄江候介臣兄，始知大駕曾一賁臨，而道體霍然，和而益健，此誠私心至快也。祉於此中不能昧昧以處，然秉質則苦其弱，居心則苦其雜。「弱」與「雜」兩字，治之一年，尚未能去，則其負教可知，無以對清夜，而又何以對先生也？意先生必有以振其弱而使之奮，祛其雜而使之純者，惟不棄其愚而導以從事之路，何幸如之！何感如之！前所懇訂正約規并大序，同人祗候已久，祈即惠示。嚴寒，伏祈爲道自重。不宣。

錫山一別，荏苒年餘，宿疾未瘳，身家多累。每念高賢，學問日益，良友日多，不勝欣羡，又不勝慚愧也。

承諭相商約規，雖頭緒略欠分明，然既有定局，亦不必遽更，候做一年半載後，學問更進，覺得未妥，更之未晚耳。弟輩向有《考德課業録式》及《格致編》，近日所作《格致補傳》，俱欲奉覽，怱怱未及，俟後另送。約規序荒謬，不足以當盛意，草草塞責并呈外，時晉兄《鑒過録》，何其真切不浮，且又斟酌得中也！吾輩爲學，只是「真切」二字，真則得其本心，切則不離日用。得其本心，則居敬之道得矣；不離日用，則窮理之功密矣。能居敬窮理，學問更有何事耶？且學問最難得，莫如「得中」二字。孔子以道之不明不行，由智愚賢不肖之過不及，今之人能無過不及者誰耶？朱子有言：「與學者言如扶醉漢，扶起一邊，又倒一邊。」甚哉，得中之難也！能得中，則與中行相近，與中行相近，則可以至於中庸。然則晉兄將來之所至，其可量耶？所願更有勖者，晉兄今日之學，修己之學也。能修己，則安人安百姓舉在於是，何必他求？然論道理則是如此，若學問則須事事探討，凡事豫則立。范仲淹做秀才時，即以天下爲己任。齊治均平之事，自十五志學後，便須講求，不可謂今日未膺民社，以講求爲出位之思也。至若或出或處，則臨時另有主張，但大儒學問，自當體用全具，不然祇是宗族稱孝，鄉黨稱弟耳。道兄以爲何如？弟未深交晉兄，烏知晉兄不爲體用之學？蓋敬之深，望之大，故不覺言之贅耳，幸語晉兄，諒其狂瞽而恕之。

答江上沙介臣請執贄書

來書云：一卿根劣習深，索居孤立，求道之志雖切，而未獲奉教於君子，任其臆見，偶有所得，又無所就正，坐是歲月遷流，行年三十，而學問無成，德業不逮，獨處静室，慚恧揮涕，不減古人拊髀之痛，而人莫知也。加以性不諧俗，避地窮鄉，無從窺典籍之浩博，無從受師友之切磋，每欲負笈四方，求所依仰，又坐食貧無資，於理學經濟，諸如夏蟲語冰，茫如也。荷鋤之餘，咿哦篇什，誠大不得已事。不意因此得識翼微，因翼微得識桴亭先生，又得讀《思辨録》。先生理析於微，學識其大。親其人，讀其書，使人浮氣矜心，消融殆盡，誠不自意當世乃有若人，益恨前此之固陋。北面承教，終身以之，舍先生安歸乎？然先生之識卿也以詩，卿之奢望於先生也不止於詩，拳拳之衷，先曾囑翼微道意，兹復肅簡以聞，惟先生其無棄焉。

某自丁丑偶契斯道，二十年來，兢兢不敢自懈，而尤留意於天下之人才。蓋道本於天，而所以弘之者人也。《中庸》曰：「苟不至德，至道不凝焉。」《論語》曰：「有朋自遠方來，不亦樂乎？」夫弘道非一手一足之烈也，或爲之前，或爲之後，或爲之倡，或爲之和，積之久近，播之遠邇，夫然後人心以轉，風俗以移，而氣運成焉，則弘道豈索居獨處、高談性命而可以坐收其效者耶？顧某二十年中，無日不以求友爲念，而求其可與共謀斯道者絶少，蓋長年同志之中，其意見雖與道爲近，而其學問器識則已定矣，求其竿頭更進，頗覺艱難。至如少年之中，無才者固不得與於斯文，其有才者又未免爲浮華所動，且其所爲才者，亦不過筆墨之間耳，非吾所謂才也。夫吾所謂才者，其氣足以配道義，其力足以任事功，其聰明才辨足以上下古今，而推倒一世，然後鎔之以學問，深之以義理，此則聖賢之資而凝道之器也。以此觀人，愈不可得。惟毘陵湯公綸及貴地陳介夫頗爲近之。公綸善議論，有人倫鑒，才識俱美，介夫淳秀而有志，皆有意斯道，而俱以貧故餬口四方，未能朝夕，乃不意近日得我介臣也。

某從來閲人文字，必得其性情，往往十不失一。如介臣詩卷，其深秀蒼老，逼近李、杜，固不可於今人中求之。然某於筆墨之外，微窺其志，則介臣之所尚，似不止僅學李、杜而已也。是以兩日與翼微私語，竊有得人之歎，而不意介臣之有意斯道，竟不出區區所先料，翼微亦詫爲異事。頃接來札，具悉悃誠，然此事亦難言之矣。學成而人知之，爲聖爲賢爲帝師爲王佐，固皆分内之事而不足矜；抑學未成，或雖成而人不知，非笑憎惡困窮拂鬱，皆所不免，此孔孟之所不能辭。未識介臣其甘之否乎？兹願與介臣約：其果能終身從事，百折不回，以斯道爲己任者，介臣不惜屈己，某又何難傾心相示？若非然者，則但以朋友相處，書札互貽，議論往復，亦足以快介臣之夙昔而有餘矣。介臣其慎思之，將何去而何從耶？

答晉陵馬伯河書

來書云：士生明備之後，欲發揮經典之緒餘，以淑慎厥躬，嘉惠後學，固不難勉而至焉。至於沈潛體認，發前聖之未發，以俟後聖於無窮，則非命世英才，未易幾及矣。自宋迄明，學道之士往往而有，其克紹程朱之正統者，薛文清外，指難屈也。當此晦蒙否塞時，意天必篤生真儒，荷兹重任。乃吾徒公綸，自婁江歸，果盛稱有大賢陸夫子者出，行誼至高，著述甚富，因出《酬答》一編、《思辨》一册示我。捧讀之，何其精微正大、内聖外王之備也！僕生平推究事理，必折衷於程朱，而尤以考亭之説爲歸。今先生書非吾之所能言，而皆暢吾之所欲言，非若諸儒之有偏雜異同者。先生真今日之考亭也。慨僕半生講究，與同學勉勵弗斁，不謂中更喪亂，遂抱沈痾，索居無徒有年矣。繼且負芻之禍時有，煢煢老母至無以供菽水，萬不得已爲餬口計，而救病扶傷，執小業以終日。人且目我爲醫人，而又訝我不若醫人之媒利。噫嘻！愛我者多，知我者鮮矣。荒落之餘，忽蒙大教，何異飢而食，渴而飲耶？兹藉手公綸，毖《思辨録》全書及近今所得，俾優柔饜飫於中，以開發其所未知，鞭策其所不逮，亦此生百不如意之年而遭此快心過望之事，何啻百朋之錫已哉！區區不勝大願，幸勿以罷輭不足教而棄之。

天下未嘗無賢，患不得相見，不但不得相見，且不得相聞。賢者不相見聞，則德日以孤，德日以孤，則學日以廢，孔子之道不著，乾坤或幾乎息矣。晉陵之有伯河先生，以高足公綸之所稱述，其德行道藝，亦當今之冉、閔也，然而天下之人以不見不聞而不知，晉陵之人日見之聞之而亦不知。不見不聞不知，則鄉之人無所矜式，而天下之人亦無以聞風而興起。夫不見不聞不知，非君子之病也，鄉之人無所矜式，天下之人無所興起，君子亦不以爲病乎？而或者曰，爲善而欲使人知，是求名也。竊謂不然。夫以爲不求人知，孰如孔子？然而轍環不息，棲棲皇皇，此豈急於爲名耶？《大學》言明德，即言新民，不新民，無以爲明德也。《中庸》言成己，即言成物，不成物，無以爲成己也。即曰孔子之時與當今之時不同，然明德新民與成己成物則無以異。先儒有言，達則兼善天下，窮則兼善萬世。聖賢之功，豈有窮耶？則所望於伯河先生者，豈淺鮮而已耶？而或者又曰，居今之時，伯河雖有棲棲皇皇之心，恐欲轍環而無其所。是又不然。夫新民成物，不必求之於外也，其功即在明德成己而已。《論語》之首章其末云「不知不愠」，此固伯河先生之力之所能也。然而功本於時習而學，時習而學則朋來遠方，朋來遠方則四方之賢者固已見之聞之而知之。德不孤，學不廢，孔子之道著而乾坤不息矣。先生又豈外不見不聞以爲功耶？高足公綸來辱先生手書，而又述晉陵之賢，近將奉先生以爲宗而同有事於聖人之學，故特以此復於先生，先生固無俟予言也。

桴亭先生文集卷三

太倉陸世儀道威著

序

性理存要序

《性理》一書，士君子陶淑身心之書，亦有國家者平治天下之書也。明永樂中，詔儒臣纂修《四書五經大全》成，復輯《性理大全》，頒諸學宫，每三年大比則命題以試多士。即學使者行部小試，亦必於此書命題，與《綱目》並行，蓋一體一用，所以礪世磨鈍，法至備也。自洪、永以迄隆、曆，老師宿儒無不盡心研窮，有一書而丹黄數次者，以故三百年來人才輩出，而天下享太平全盛之福。自萬曆之末，政教廢弛，博士倚席不講，場中命題竟同射覆，主司亦漫不之問，二書同爲廢閣，而《性理》之廢閣，尤爲特甚。蓋史書猶易爲涉獵，而心性理學則聞之且頭岑目眩也。不數十年，而天下遂有分崩離析之患，是書之明效大驗，不大約可覩哉！日者朝廷復崇重實學，凡士之有志於修己治人者，莫不踊躍興起，然而性理之學精微而淵邃，碩大而宏博者，戛戛乎其難之。乙巳丙午，予講《易》毘陵，雲陽荆生豫章從予遊。生故少司馬大澈公孫，性警敏，有志識，謂學問根本必由性理，乃與其諸從兄弟稺圭等延予於皇塘，畢一歲之功，講明性理。而又以其卷帙之大，不便持攜，且務博者或至不能精也，乃與稺圭、賚予等，因予所丹鉛，略爲删定，手録成卷。而予於講論之暇，偶有述作，則亦取而附焉。既成帙，問序於予。予作而歎曰：二三子之志可謂勤矣！雖然，是書之成豈徒以功令而已耶？夫人莫不有身，而身非此書不修；莫不有家，而家非此書不齊；莫不有國與天下之任，而國與天下非此不平不治。是書之成，豈徒以功令而已耶？苟能即此而體驗之，推行之，則處爲聖賢，出爲名世，皆是物也。不然，徒以爲功令而已，則功令舉而是書因之而舉，功令廢而是書因之而廢，豈吾黨相勖之意耶？

張漢思時政議要序

天下非無士，士非無才，存心與不存心，二者之間而已。國家課士，前以經書，後以論策。經書以觀其體，論策以觀其用。凡以教天下之士，務爲實學，使出處皆有裨於世，故自洪、永以下，名公鉅卿，皆由制科出。然其爲經書也，非猶夫人之經書也，沈酣於四書、五經、性理、語録之言，而後發其胸中之所見；其爲論策也，非猶夫人之論策也，泛濫於史書、百家、古今政治之林，而後陳其草茅之所得。今或不然，此朝廷所以動徵辟之心也。雖然，徵辟何常？亦顧其存心何如耳。今海内明盛，能文之士不下數十百家，徐而叩其所學，其所讀者何書，所講者何事，相與友善而切磋者何人，於當世之事究習與否，率百不得一，此無怪朝廷輕天下士，亦天下士之有以自輕也。古婁漢思張子，天如之季兄，少以文章名於時，庚辰應天子求賢之詔，予方欲就而問其所存心，乃漢思兄手一編至，則其所輯《時政議要》也。嗟乎！吾今乃知漢思所以動朝廷矣。士人當未釋褐時，方汩没章句，何暇問時政？一旦得志，姑妄爲之耳。而漢思乃從而議之，更從而得其要，漢思有心哉！蓋即我所稱有體有用經術之士也，是真制科人才，而今乃應徵辟之詔，徵辟不足重漢思，漢思誠足重徵辟矣。願漢思勉之，天下事不止此，幸益自振奮，以無負明天子之詔令。

侯記原乙未學規序

學之有規，猶師之有律。師之勝負不由於律，而常根本於律。學之勤惰不由於規，而常根本於規。程不識、李光弼精於律之内者也，李廣、郭子儀遊於律之外者也。程叔子、朱晦庵嚴於規之中者也，周濂溪、程伯子超乎規之上者也。以其等而言，則遊於律之外者似勝於律，超於規之外者似勝於規。以其本而言，則必精於律而後可以無藉於律，必嚴於規而後可以無藉於規。不能律而不律，爲否臧而已矣；不能規而廢規，爲燕僻而已矣。吾讀侯子之規，何其整齊而有體，詳密而有法也！爲之師者且日不暇給以求盡其子弟之才，況爲之子弟者，敢不自盡其才，竭蹶以赴師長之教誨乎？雖然，吾於兹有感焉。士卒之命聽於將，而將之成功與否則存乎國家之賞罰，賞罰不信，士卒且以律爲滋厲也；弟子之命聽於師，而師之命行與否則係乎風俗之習尚，習尚不正，弟子且以規爲滋擾也。今之世豈必無良師？然師之所教在乎是，而世之所重不在乎是。世之所重不在乎是，則父不以之教其子，兄不以之勉其弟，爲之師者雖竭盡心力，其不爲諄諄藐藐者幾希矣。其不得已而至於詭隨屈曲以徇其子弟，且徇其子弟之父兄，亦恒情也。侯子生當斯世而毅然不詭於流俗，以古道教學者，且不憚繁瑣，委曲詳盡以爲之規，而身自率勵，此其心何心哉？此其心何心哉？爲之子弟并爲子弟之父兄者，亦可相感而興起矣。

蘇學景賢録序

天下之事莫重於教，天下之職莫大於師，非師之職固大也，能盡其職而後爲大也。予嘗論天之生人必使之各司其責，故自天子、諸侯以至卿大夫、庶民，蓋莫不有專責，而士獨無專責，是故天子責在天下，諸侯責在一國，卿大夫責在一官，下至庶民之屬，則責在一身一家。惟士不然，進而遇，則爲卿相爲王者師；退而不遇，則著書立言，以俟後聖。其所責每以千萬世爲量，是士之所責，其重且遠者如此，宜乎天之上地之下，職之大者莫士若也。然而士不能自大，問所由來，必有從而受教者，而受教者惟師，則夫師之職之大何如者耶！受是職者宜夙夜戰戰，思所以稱之副之，而今之爲學校師者，往往不能盡厥職，是故教之職至今愈卑，而教之事至今愈壞。夫教之職愈卑猶可言也，教之職卑而遂使天下無聖人之師，不可言也。教之事愈壞猶可言也，教之事壞而遂使天下之士人竟絶聖人之望，不可言也。吾婁府學生仲至王氏起而憂之，以爲聖賢之生必由學校，而學校之振必由師儒，於是與江夏劉先生修輯學宫，整齊禮樂，而又於董事之暇，爲《姑蘇郡學志》。既畢集，又輯《蘇學景賢録》，載蘇郡立學以來過化諸先生之賢者，自宋景祐迄明正德，凡五十有六人，其間德行道藝如胡安定，功業如章質夫，節義如陳直諫，著述如陳子方，高風偉節，先後錯起，曰：「是雖未必盡合於聖人，或亦皆有聖人之一端焉，使職是學與遊是學者視吾書，而或有效法景行之心，則大道之復興，意者其在斯乎？」乃舉而問序於予。予受而讀之，作而歎曰：仲至氏之心至矣！夫學爲聖賢，弟子員之責也；教人學爲聖人，而惟恐人之不爲聖人，先生之職也。弟子員不能任其責，先生不能盡其職，而仲至氏代爲憂之，惓惓然輯之書而垂勸戒焉，則夫讀是書而不學爲聖人與不教人學爲聖人，非先生亦非弟子員也，得毋深媿我仲至也耶？得毋深媿我仲至也耶？

許舜光是正録序

先儒有言，讀書須於無疑中看出有疑，有疑中看出無疑。故學問不疑則不進，小疑則小進，大疑則大進。予及門諸子皆有質疑録，而以爲博學、審問、慎思、明辨之功也。開卷有得，而所得未必果是，尚未可云得也，則有賴乎良師友之教之。而良師友未必日在吾側，則於是乎筆之於書，以祈正於左右，斯亦學者之善務，而吾黨之要事矣。顧有是録者或未必紀，而紀之或未善。即紀而善，亦未必有恒，録亦幾幾乎難言之。舜光幼學於予，器識淳静。予與諸君子有所講論，舜光必相從，問答之間，未嘗不灑然樂也。顧於其退私之餘，嘗録其所疑，問於予，亦間質於確庵、虞九兩君子。既而芟其繁，録其可以存者，統名之曰「是正録」，而請序於予。夫録名「是正」，是亦樂就有道之義也，而《論語》曰：「君子食無求飽，居無求安，敏於事而慎於言，就有道而正焉，可謂好學也已。」然則好學一事，豈僅在筆墨之間哉？舜光勉之！

水村讀書社約序

予自少時讀陶淵明《桃花源記》，輒悠然若將遇之，曰：「嗟乎！安所得善地如桃源者，吾將終身樂吾志焉已。」又讀《三國志》，見諸葛孔明、龐士元、司馬德操諸人，或隱鹿門，或居隆中，當季漢縻沸螘動之時，茲數人者油然相過，嘯歌無間，若不知天下有戰争之事，則又不勝慨然，以爲人患學識不如孔明，取友不如士元、德操，不患不得善地。今天下日多故矣，其亦有善地如南陽者乎？於是與同志數人，披圖籍，訪故老，日求諸山巔水涯，冀或一遇，而終不得所謂善地。既壯，有志於聖人之學，應務之暇，博覽先儒語録。竊見有宋諸大儒，德業並隆，人已同治，或聚良友於山水之鄉，或即所居爲鄉約之會，優焉游焉，蓋無往而不得所爲三代也，不覺喟然歎曰：「用世避世之道，其舉在茲乎？」治亂，世也，而所以爲治亂者，人之心也。人心不治，雖全盛，吾憂其不免焉。不然，一國之人心不亡，則一國之福未艾也；一方之人心不亡，則一方之福未艾也。雖有兵革，不入善人之鄉。吾爲天道信之，用是又與同志數人相約爲講學之會，一意讀書，自丁丑迄今，蓋七八年於茲矣，盜賊之禍幾偏天下，而吾吳獨幸邀無事，不可謂非天之玉成善人。然吾黨從事數載，同志者猶不過數人，論道往還，未敢昌言，時恐爲里俗誚讓，則所謂善及一方，善及一國者，概乎未有當也，而欲以永邀天眷，其可冀乎？石隱王子，吾黨長年之友，識高而氣静，有人倫鑑，其憂時尤爲獨切。每過予談論，輒欲得一治心之鄉而託足焉。卜諸近境，咸以西北之水村任陽爲善。其地介虞婁、鹿城之間，僻阻窪下，與城市隔絶，其中居人皆有古風。數年之前，燕餘吴先生移宅入居，特爲吾黨開先，村之人皆化其德，俗益古茂，則庶幾乎天心之未棄者乎？至是言夏陳子與石隱王子又後先買田宅爲歸隱計。石隱謂予曰：「子未可以行乎？」予曰：「未能，則亦以講學之會先之可也。」石隱曰：「講學之實，可以避世，講學之名，不可以避世。請易之以讀書，可乎？」予曰：「唯唯。」石隱乃退而爲條約，俾諸同志者實從事焉。

講學紀事序

戊子三月朔，予甥舜光暨予及門諸子與予子允純請於予，始爲考課德業之會。既卒事，其明日舜光與諸子復請於予，祈爲敘言，以勖斯舉，且曰：「古者講學之日，必有講義以勉士友，今先生之於焜等，可謂訓之勤而誨之切矣，苟無片言以書諸册，得無有久而玩者乎？」予曰：「唯唯。」教與學實相長，師古人之成法，反覆勸勉以勵諸子，即因以自勵，此固予之志也。然古人之能教人者，莫不有盛德，又所言皆成章，今儀不敏，而當日所云悉皆隨事詮答，語鮮倫次，無可舉似者。無已，則姑以諸子從事之德業，與古昔聖賢所謂內聖外王有體有用之學，一約言之乎。

夫德之與業，非直小子事也，在《易·乾》之九三有曰：「君子進德修業。」德者，體之立也，內聖之所由積也；業者，用之著也，外王之所由成也。德非一，自一介之士一言一行一念一事，與夫卿大夫之三德六德，以至於堯舜之精一執中，微與著不同，而皆謂之德。業非一，自弟子之六藝詩書文章著作，與夫受一命之榮而治民事神，以至王者之平章協和、配天享帝，小與大不同，而皆謂之業。德與業，人之所同，而所以進之修之者萬有不同。患其不同，而因思所以勉之，則考課之法生焉。故考課者，所以爲進修之助也。崇禎丁丑，予偶志斯道，慮作輟無時，因爲二録自勉，并約聖傳、虞九、言夏諸同志共爲會，更相考核，幾於數載，丁申酉之變而廢。及今伏處牆東，放廢偃蹇，自念所遭不幸，發抒無時，不傳之學，或幾自此而息矣，乃舜光諸子一旦奮起而欲續之。嗟乎，何其壯也！夫德業之成存乎人，德業之盛存乎天。人者，我所得爲也；天者，我所不得爲也。故道德明立而時不可爲，則君子亦終身爲遯爲潛，而不敢萌一毫怨尤之心。然時雖未可而幸或有暇，則君子益亟亟焉務修其身以事天，而顧委罪時世，放失頹廢，陷身邪辟，君子謂之自暴自棄，其得罪名教，蓋莫大焉。況乎時之治亂亦無常，天無心焉，實人爲之耳。學問立而善人多，則天下治；學問廢而善人少，則天下亂。君子亦務積其學問，以爲撥亂致治之人耳，奈何一諉氣運，爲天地間不足重輕之人哉？予故於諸子之考課，不欲其僅爲一才一藝、一鄉一邑之小儒，而即望其爲守先待後、開來繼往之傳人，予之志亦苦矣，諸子勉之。

古今文選要序

讀書之道，博與約二者而已。博者所以爲約也，約者所以守博也。博而能宗，故窮大而不荒；約而能詳，故深藏而用昌。自近世科名之士，咸貴捷得，而一時末學，放失舊聞，汩乎篇章，於是有志者出，力尊古學，而天下復知有典籍之美。閭巷小儒有不通經史者，則衆共哂之，是亦可謂甚盛時矣。然予觀海内風氣，自經子而《史》、《漢》，自《史》、《漢》而魏晉，所學在是，則其誦習亦專在是，殆所謂一代之書，一家之言乎？及其成，非□不足以取富貴致名稱也，顧舉此則失彼，欲專業而多遺漏，則何以稱博也？且古來文字代日降，文氣日薄，文格日卑，學者師古當益進，不當益降，當根本於六經而求通於子史、傳籍、術藝諸家之書，不當拘守方言，圖近效而求速成。蓋嘗考古今之書，自秦火之後，劉歆總群書，著《七略》，凡三萬三千九十卷。王氏之亂，焚燒無遺，迨班氏志藝文，而書已亡三之二矣。復以《漢志》考之《隋志》、《唐志》及宋之《中興志》，又亡其六七。明興，文皇帝命學士胡廣輯五經、四書、《性理》諸書，而典章大備。要之西漢所存者，不過十三，獨六經註疏代有增益，無慮數十百家，則知聖賢之文，其不同於稗編雜説者，猶日月之於宵熠也。漢唐以來，稱博學者楊雄、班固、張華、王安石之流，然雄衍《太玄》而美新，固著《賓戲》而下獄，華昧天文於中台，安石抵聖經於朝報。學術不正，小者功業不建，辱及其身，大者幾誤國事，則夫讀書之道，又豈特在語言文字之間哉？　嗟乎！　古今文章至吾明蓋極盛矣，庶民之家藏書者猶建重屋，然而能藏者未必能讀，能讀者未必能文，能文者未必能行，於此不無三歎！

曹頌嘉漫園文稿序

戊戌之歲，予應張西山文宗聘，輯《儒宗理要》書，過澄江，頌嘉曹子與介臣沙子同謁予於旅次。時介臣以詩見投，遂究論古今樂府得失，而頌嘉則專論文，貫穿周秦，出入唐宋，下極元明諸子，而獨歸本於韓、歐八大家，蓋其所得於韓、歐者深也。予進頌嘉而語之曰：「子知韓、歐之文之可傳，亦知韓、歐之文之所以傳乎？　夫言以足志，文以足言。文者，載道之器也，古之人道足於中，發於外而爲言，言之成章，故名之曰文。羲、文之《易》所以述天人，即後世性理諸書是也。虞夏商周之《書》，孔子之《春秋》，所以紀政事，即後世史傳諸書是也。商周之《雅》、《頌》，十五國之《風》詩，所以言性情，即後世樂府詩歌之類是也。周公之《周禮》、《儀禮》，漢儒之《禮記》，所以載典禮，即後世八書十志之類是也。然而在古則謂之經，在今則概謂之詩與文，蓋有説焉。古人之詩文，先有道而後有言者也，可以爲萬世法，故謂之經。後人之詩文，則詩文而已矣，求一言之幾於道而不可得，即或有煌煌大言，如韓之《原道》，歐之《本論》，亦庶幾乎聖人之徒矣，而程朱猶謂之倒學，蓋先有文而後有道，學爲文而規橅乎前哲，求其不倍乎道而冀其文之或傳也。乃後世之學爲韓、歐八大家之文者，并其所謂倒學者而忘之，而日馳騖於體格、氣局、詞令、才情之末。夫所謂體格、氣局、詞令、才情者，如化工之於品物，天風之於水波，皆自然者也，若徒爲叔敖、優孟，則翦綵爲花，壘石爲邱而已，於古人何有焉？故君子之於道也，盡其志而學焉，内觀乎身心性命之微，外觀乎天地民物之大，從容而踐履之，優游充積而發抒之，燦然而理明，油然而辭順，無意於文，而天下之窮老盡氣、流汗奔走而爲文者，退然莫敢與之争，夫是之謂至文。」

頌嘉聞予言而悦，遂與介臣定師弟之稱而退，今且數年於兹，成進士矣，梓其所爲《漫園文稿》以問世，請序於予。予讀其論文之書，如云：「文章當先明理，理明則識高，識高則氣壯。」旨哉言乎！是予當日之志也。故其爲文，博大而不詭於則，雄奇而不踰於矩，旁喻曲説、縱横幽隱而不傷於道，其庶幾乎韓、歐氏之言歟。雖然，予猶懼頌嘉之先文而後道也。身心性命之微，天地民物之大，果能從容踐履，優游充積而發抒之乎？是予之所樂觀其成也，不然，恐猶夫先文而後道也。今之栢鄉、敬哉諸先生，先道而後文者也，頌嘉從之遊，必更有得焉，其試以予言質之。

讀史筆記自序

先儒程子有言：「五經載道之書，《春秋》聖人之用。故通乎《春秋》者，然後能經能權。」愚謂不獨《春秋》，凡經皆體，凡史皆用。不知經，内聖之學不明；不讀史，外王之道不具，二者不可偏廢也。然史氏好誣，傳聞失實，大道既隱，好惡日乖。《春秋》而後無信史，仲尼而後無筆削，雖史書具存，能讀史者鮮矣。迨朱子《綱目》出，而《春秋》之旨復燦然見於天地之間。自是以來，周平而後遵《春秋》，威烈而後信《綱目》，千六百年之間曠若發蒙，學者亦莫不由是以定前人之得失。雖然，遵《春秋》是矣，而《春秋》以前將誰遵？信《綱目》是矣，而《綱目》以後將誰信？不精求乎聖人之體，而欲泛觀聖人之用，未有能得者也，況乎聖人之用不存乎聖人之書，而存乎吾人之心。書者，聖人使人因之以求其心者也；心者，吾人所用以求聖人之書者也。以居敬之學力，肆窮理之極功，則雖非聖人之書，而聖人之用出焉，不然循守行墨，拘牽文義，或泥古而昧於時宜，或執詞而害其志義，雖《春秋》、《綱目》陳於前，吾恐坐論雖優，致用則悖也。儀自丁丑來與二三友人從事經學，而又懼不知古今，無以明體而適用，乃復相約觀史，更相議論，各自舉其説而筆記之，既成，而後折衷於《春秋》、《綱目》，以觀聖賢用心之所及。嗚呼！必如是而後可無負於聖人作《春秋》之心，必如是而後可無負於朱子作《綱目》之心也已。

顧遥集三知編序

琴川遥集顧子，明經道原先生之子也。先生以崇禎初元爲鄉貢進士第一人，時同貢者，吾鄉則張西銘，吴郡則楊維斗、沈伯敘，暓中則王内山，梁溪則秦弱水諸先生也。一時名流，表表在人耳目，而先生獨領袖其間，故人謂先生方將以科名冠天下，而先生殞矣，時遥集之生甫六齡也。先生家故清素，煢煢孤子與寡母，勉支門户十餘年，而天下又大亂，遥集遂不復求仕，韜光隱迹，爲童子師以養母，必誠必莊，無有逸志。又善愛護調攝，師而兼保，縉紳名家皆樂奉之以爲師。間爲詩歌，清真絶俗。與予相遇於錫山之陽，相得甚歡，然予尚未悉遥集之爲人也。今年夏，過婁，宿予齋中，出《三知編》示予，且請爲序。予讀之，矍然而起，曰：「此書其致太平之本乎！」夫天下之不治，由於人才之不立，人才之不立，由於蒙養之不端，而蒙養不端，則父兄師傅之過也。昔朱子以小學教廢，因别輯《小學》，又爲《童蒙須知》，以啓牖後進，意良切矣。而遥集以爲童蒙之知識尚淺，所以先意而導之者，尤在於父兄師傅，因廣其意，復爲父兄師傅須知，共爲三知，而旁搜古今名人之言以實之。嗚呼！使天下之父兄皆能奉此編以爲父兄，天下之師傅皆能奉此編以爲師傅，則天下之童蒙有不奉此編以爲童蒙者乎？而蒙養有不端，人才有不立，天下有不治乎？惜乎，未能授之梓而廣其傳也！昔五代之季，人皆鞍韐從戎，至藝祖軍中，始有寬衣博带者，父老指而相謂曰：「此曹出，吾輩得覩太平矣。」吾亦謂此書出，天下得覩太平矣。故樂序其書，而并爲述其家世如此。

綱目大義纂要序

經之有《春秋》，示天下後世作史之法也；史之有《綱目》，繼《春秋》之後秉《春秋》之法，示天下後世以史繼經之道也。然《春秋》有綱而無目，以魯史舊文爲目，魯史舊文不可得而見，故讀《春秋》者必以《左傳》爲主，存事實也。若《綱目》，則以《資治通鑑》爲目，蓋《左傳》終智伯，《通鑑》始智伯。温公作《通鑑》之時，意原主於續《左傳》，故《綱目》即取《通鑑》爲事實，而「大書以提要，分註以備言」。凡《通鑑》之所有，盡在其中矣。所偶遺者，或無關理要之細事；所補入者，如彗星見而公孫鞅入秦；所不同者，如以蜀漢爲正統，數事而已。故有《綱目》而《通鑑》可廢也，非廢《通鑑》，以《綱目》即《通鑑》也。乃世俗之儒以《綱目》爲浩繁而不能讀，而又以爲《通鑑》、《綱目》不可不并讀，於是取其書而並節之，名之曰「綱鑑」。人不一家，家不一書，童而習之，布滿天下，雖老生宿儒，有皓首而莫知其非者。夫綱目皆鑑也，以其有大書，故謂之綱，以其細書分註，故謂之目，而總名之曰「通鑑綱目」。若去「通鑑」而第名之爲「綱目」，則「綱目」且不成其爲書名。今更去「目」而但言「綱」，又并而稱之爲「綱鑑」，此何等書耶？　間嘗取《綱鑑》而細觀之，彼所謂綱者，未必綱，所謂鑑者，未必鑑。且有時翻以大書者爲鑑，而謂細書者爲綱，鉅細紛紛，雜亂無紀。蓋兔園夫子所爲，而妄託於名下，非果爲名人所纂輯也。故有《綱鑑》，而兩書之面目盡壞，世特以其便於童蒙，而習焉不察。嗚呼！　聖人作《春秋》之意與朱子作《綱目》之意，蓋至是而漸滅矣，亦何怪乎世之言史才者，輒沾沾於司馬子長，而絶不知有《春秋》、《綱目》哉？

予於此實懼且憫，而世之能讀《綱目》者，非特鮮其人，兼鮮其力。意欲取《綱目》全書，一仍其面目，而止於分註細字之中，略節去其浮冗，而專存其事實，以爲《綱目節要》。然猶慮得者之無貲，讀者之無暇，而書且因之而廢也，因豫章諸同志，姑爲《大義纂要》。凡提綱、書法之有關大義者則存之，而其餘則概加删節。蓋《春秋》一書，先儒謂其「大義數十，炳如日星」，《綱目》雖多，其大義亦不過數十而已，大義所在，則盡於書法發明而已。得其大義，則孔子之所以作《春秋》，朱子之所以作《綱目》，其意皆了然胸中；而因以治經，因以述史，因以斷天下國家之事，皆有所憑依準則，庶可不負聖賢啓佑後學之心、當世教育人才之意也已。其餘若編年之不能盡紀，事實之不能盡載，則固有《綱目》、《通鑑》、二十一史之全書在，任有力者自爲之，非所語於《纂要》也。

陳瀛寰太僕潛確書目序

予交瀛寰，讀其《潛確居兩世著書之目》，喟然發歎曰：嗟乎！士生當世，疇不欲以著述自見者哉？顧亦思古人著述之意，果何取乎？蓋將以惠來世、淑後學、正人心而明經術也。自三代以後，更爲詞章之學，於是能文之士逞其筆墨之長，詡然自命爲著述，遞相矜尚，浸以成風，回視古人立言之本旨，蓋不啻去而天壤矣。夫天下以詞章爲著述，而詞章之盛又莫盛於吾吴，推波助瀾，日深月廣，欲求人心之正，經術之明，其可得乎？聞之海内之風氣係於君與相，一方之風氣係於賢士大夫。自昔胡安定以經義治事，主教吾吴，而吴之士始知有實學。未及百年，淪於草莽。至明興萬曆之末，高、顧諸公起於毘陵，以人心經術自任，一時賢士大夫聞風興起。吴與毘陵故接壤也，芝臺先生從啓新錢先生遊，因得與高、顧諸公共切磋於性命之學，今觀其所著《書目》及手自評閲者，自四書、五經、《性理》、《綱目》，以及詩文子史，原原本本，無一不根於古人著述之精意，吴門之爲濂洛，非先生其誰與歸？惜乎！值魏璫之難，弗克盡展厥志，而申酉之間，復罹變革，正學一途，幾於衰息矣。乃天眷斯文，絶而復續，令子太僕瀛寰，以沈深之器，兼卓犖之才，當波靡板蕩之時，整齊先業，釐然具舉，而又能開拓擴充，廣前人之所未備。予讀所輯書，自《目録》之外，尚有《詩史》及《啓禎遺詩》之類，俱有補於人心經術，不獨以閎肆爲奇也。我郡之殫心纘述、富於剞劂、抱道而樂隱者，有三君子焉，於吾婁爲王子周臣，於虞爲毛子子晉，與瀛寰爲三。王子羽翼經傳，毛子有功史學，陳子則兼治經史，而更旁及百家，其有補於人心經術，則一耳。抑吾更有慨焉。士之遇不遇，命也。遇則致身王朝，展其抱負；不遇則投老澗阿，娱情墳典。是著述固不遇於時者之所爲也。乃予與三君子同一不遇，而三君子者藉先世之餘業，皆擁書萬卷，朝落楮墨，夕登梨棗，而予與吾邑陳子言夏、鹿城歸子元恭，亦皆窮年矻矻，樂附三君子後塵，而皆以貧故，至不能具筆研，則雖著述，亦固有遇不遇哉！

顧原爽先生手評通鑑序

先輩讀書，一字不苟，而於《性理》、《通鑑》兩書爲尤重。嘗見先祖父所遺書，丹鉛滿紙，旁所註殆無隙地，而於《性理》、《通鑑》則圈點論題，編纂歌括，雖今人之四書本經，無此精密也，則竊意先祖父好學，故於讀書如此其真切，他人未必爾爾。及過沙溪，見吾友顧雅儔出其先人原爽先生所手評《通鑑》，其精密殆如先祖父，而間多評論，則又不襲前人成見，有出於胡致堂、尹起莘諸人之外者，不勝歎服。蓋當時朝廷課士，專以四書、五經及《性理》、《通鑑綱目》諸書爲教，故當時之士，亦專以此諸書爲學，寢食夢寐，無非是也。以故當時風俗淳厚，士有定學，其出而經理民物，亦即以其所學行之，以視今日，其升降不大可慨乎？

予嘗以此語友朋，深用感歎，以爲古今人不相及；然質諸耆年父老，則當隆、萬之時，亦未必人人能爾也，間有之，則其人必爲科第，否則亦耆儒宿學名重當時者也。予因念向日祖父，頗爲時推，而原爽先生者，則固一時之傑，且内稟怡山公之教，外紹養真陶先生之學，其讀書安得不真切如此乎？又其手評出於臨歿之年，則固純乎學問之心，而非世俗所謂舉業工夫者矣，先生豈僅以能讀書稱者耶？予承雅儔兄之請，而又念原爽公之讀書極似先人也，於是乎書。

顧殷重西北治田書序

欲豐本者，務滋其生；欲足國者，務廣其利。故謀利於一人，一人窮，而謀利之法與之俱窮矣，不若謀之人人之爲無窮也。圖利於一方，一方盡，而圖利之術與之俱盡矣，不若圖之天下之爲無盡也。吾友顧子殷重，東南之士也。顧起而集《西北治田》諸書，何居？蓋吾與顧子交最久最深，而有以知顧子不得已之深心焉。

顧子善水利之學，甲午、乙未間，東南病旱澇，在婁地爲尤甚。顧子與州守白公謀開朱涇，疏婁江，浹歲之間，兩役並興，人不知困，東南賴以濟。今者東南之困不在旱澇，有非一手一足之力所能濟者，非呼號將伯之助，勢將至於不可救。乃顧子以爲欲救民，必先足國，國不足，民不可得而救也；欲足國，必先治西北之田，西北之田不治，國不可得而足也。

善乎貞明徐氏有言曰：「中人治生，必有附居常稔之田。」今京畿四輔以及山左近河瀕海之地，皆國家附居之田也，顧荒而不治，待哺東南。近廢可耕之産，遠資難繼之餉，豈謀國經久之道哉？昔漢唐皆都關中，實資沃野之利，宋都汴梁，運道四達，民無轉輸之苦。以西北而仰東南，實始於元。元立國不久，經畫不周，欲通一線，汲汲修治，其卒也，終受挑濬黄河之害。有明之運，雖因元舊，然其税斂皆仍洪武都南之額，蹇夏諸公因循憚改，後人因之，重增漕費，役煩賦重，致生盜賊，此皆不知附居常稔之説也。夫不知附居常稔之説，則不得不資東南，必資東南，則民力不得不困，民力困而欲求國計之足，雖桑弘復生，不可復也。

然則《西北治田》之書其可已乎？顧子既集其説，又爲之序，其言曰：「墾西北之荒以寬東南之力，節東南之盈以濟西北之縮。」是書也，非徒開西北以救東南，實以建萬世久安之策也，是端在西北諸公加之意矣。

新劉河志序

動民之心存乎誠，成民之利存乎斷。誠則無不徹，斷則無不行。蓋古人致功集事，莫不繇此，而今乃於吾州見之也。

吾州地濱海，爲三吴委輸之區，古婁江適當其境内。婁江者，三江之一也，州人呼之爲劉河。江南形勢，凡西南天目苕、霅諸水，悉注震澤，而徐繇三江以入海，東江漫滅已久，數十年來，中江繼淤，止存婁江，而婁江復成平陸，旱則外水不得入，潦則内水不得出，痞滿之病，六郡同受之，而吾婁爲甚。雖當事者屢疏請濬，而利一害百，旋且中止。

癸巳夏，州侯白公自三韓來視茲土，即以興修水利、開復婁江爲己任，而親行相度，役大工艱，頗難經畫。予友殷重顧子明於水學，詳視州境，以朱涇請。朱涇者，古婁江北道，邑志猶有「北劉河」之稱，而歲久湮塞，已成陸壤，兼之河名錯雜，幾不可辨。顧子謂婁江南出，紆回八十里而遥，朱涇直南城之東，工相去什百。又婁江浮沙所積，難施畚鍤，朱涇平地，易爲力，且無奏請、酌議、查覆、勘報之勞，命官設吏之煩，牽制、掣肘、營謀、派擾之弊，惟朱涇便。州侯是其説，卜日舉行，而群情譁然，咸謂不便。蓋一則州中積荒之後，一則以數十年來未聞大役，一旦興舉，恐漫費無益，雖老成者皆危之。而顧子屹立不動，力排群議，州侯復堅持之，議遂定。度地糾工，不踰月而卒事，崇岡瘠壤，頓改舊觀，五十里間，渺然巨浸。凡爲工三十六萬有奇，而民不知勞，爲費三萬六千餘兩，而課不加損。

君子謂是役之成，厥有繇焉：有顧子殷重籌畫之善，因得同事諸賢襄事之勤；次則東南之地已爲石田，民居其間，歲苦旱潦，一聞濬令，無不踴躍，雖園林室廬，無所顧惜，故不日而成。虽然，役者勞事，勞而不怨，古人猶難之，況今人乎？是非州侯下車之始，即有惻怛愛民之意，浸灌於人心，使人人皆知其公而無私，惠而無虐，則雖家喻户曉以開河之利，能保其必信乎？民信之矣，而集議之時，言人人殊，即所言無非爲公，稍或智弗及照，勇弗及決，彈指之間，成否判矣。雖士謀之善，民信之深乎，而必歸本於州侯白公者，以其誠與斷爲不可及也。河成之日，土人名之爲「白公渠」，以誌侯德。侯曰：「是烏足以誌哉？其名之曰『新劉河』。謂之新者，言有舊也，是有二意焉。使舊河而終無濬歟，吾將以新代之。使舊河而終當濬歟，吾將以新先之。」州之人無不聞而樂，樂而欲傳其事。顧子殷重乃輯其開濬之始末，而付之梓，遂命之曰《新劉河志》。

桴亭先生文集卷四

太倉陸世儀道威著

序

王登善房稿序代

文章一道，其傳者，理也；其所以售者，氣也；其壓倒一世，無知愚賢不肖，莫敢不帖然俯首爲之下者，才也。予嘗執此以衡量天下士，什不失一。其有老師宿儒，含毫腐心，根極理要，前足繼武周郡，後足開發來兹，而終其身不得一第者，氣有所不足也。少年英發，早掇巍科，紙貴一時，聲滿天下，而一再傳則苶然不復振，陳言在案，過而弗問者，理有所未精也。氣足矣，理精矣，而天下之讀其文者，或疵其熟爛，或病其深晦，或以其不足於古文變化，小試出奇，而彼此較量，言人人殊者，才有所未大也。故欲理之精，則研學問；欲氣之足，則勤充養；欲才之大，則非天資卓絶而又能博綜群氏，不足以當之。顧三者之中，或得其一，已足稱雄當世。天地靈秀，豈可盡得？

乃予於闈中較閲，得王子卷，見其光氣，發閲一覽，已識其才。徐而按之，綿綿乎若煙雲之繚繞而不窮也，汩汩乎若源泉之不擇地而出，觸山赴谷，波瀾萬變也，氣至矣。試更深求焉，而識力所及，神解所至，即起孔孟於千載，而與之共論於一堂，理無以易也。不意當吾世而得此偉士，竊意其枕中之藏或未必盡若闈中作，而王子開笥見示，則或燦若日星，或森若武庫，或浩若江漢，或精若淵泉，蓋無體不備，無品不極，觀止矣，是真可以壓倒一世而使知愚賢不肖無不帖然俯首爲之下矣。

亟叩其平日，則王子固讀書養氣，熟講於天人經緯之學，而出之於悟後者也，王子豈猶夫世之徼倖科第者耶？所猶有恨者，王子廷對時，諸大臣讀其試策，皆相顧慶得士，而以卷尾稍不合式，不得與呈。館選時已親被殊遇，而復以江南數足，勉强就裁，豈其間遇合有數耶？然王子之才之學如此，固不在區區一日之捷得，王子固將以事功德業見於世者也。

馬蘭皐先生遺文序

嗚呼！此吾友蘭皐先生之遺文也。蘭皐於書無不讀，於文無不爲，尤殫精於制義。方少年時，内欲顯親揚名，外思得君濟世，早夜矻矻，以圖所爲成其志者。故其爲文，遠宗先民之規矩，近擷時賢之英華，根極理要，中仍復雲蒸霞蔚，一時群彦争鳴壇坫者，往往互相雄長，而遇蘭皐，則無不拱手推服。

蓋蘭皐爲人，金聲玉色，而文又如其人，故當之者輒如飲醇，不自覺其心折也。中年以後，與予相遇於其從兄一庵齋，傾蓋晤譚。蘭皐爽然自失，以爲天地間自有真學，安用此窮年自苦爲？遂與其從兄一庵從事於居敬窮理，朝夕以讀書學道相砥礪，積書滿家，凡天文樂律、河洛圖書、危微心性之旨，靡不究極其要。

每四方同學至，輒相招聚講，連日累夕。暇則手自疏解四書五經精義，或縱筆爲古文辭，其於制舉業不過終歲什一之功而已。然蘭皋所造既熟，又益之以學問，每一命筆，沛然莫禦，不求爲工，而自無不工。甫落紙，頃刻鈔傳殆徧。四方名俊登其門者，無慮數十百人，得先生之傳，掇巍科取高第者，比比而是。而先生裒然一老諸生，傍觀莫不歎息，而蘭皋視之泊如也。

客秋予過毘陵，蘭皋論學之暇，指一編顧予曰：「此予平日存笥之制義也，嘗恨舉業誤人，不得專意正學，輒欲棄去，又念生平曾三折肱於此，不忍遽付水火，先生之友陳子確庵邃於此道，幸攜歸寄示，懇其稍爲甲乙。既定，則先生爲我序之。」予時行迫，不及攜卷，歸語確庵，方以爲歉，而蘭皋之訃音至矣。嗚呼！蘭皋往嘗謂諸儒意見厖雜，欲參稽訂定，成一家言，而有志未遂，乃區區制義已成之業，猶多艱阻，豈天未欲玉汝於成耶？

今年夏，至毘陵哭蘭皋，晤其兄一庵，則蘭皋遺文略已成帙，欲予踐前約。予取而讀之，乃友人李子謙六所定，亦蘭皋遺命也。李子所定爲八十首，以窘於貲，僅刻三之一，或以爲見少。嗟乎！君子之於人，當觀其大者，蘭皋晚年，得力多在經書傳註，手自疏解，何止盈篋？以未竟厥功，不得付梓，即古文辭非所留意，而況區區制義者乎？存此以見蘭皋緒餘尚爾如此，則生平著作可傳未竟，良足悲矣！

毛氏伯仲具吹稿序

昔人有言，山川之靈能鍾人物，其奇偉蕩潏之氣又能移人性情，發人才思。故眉山之秀鬱爲蘇氏父子，太史公登龍門，探禹穴，而文益奇。予竊謂不然。山川之靈，與衆共之者也，眉山前後未嘗無人物，而秀獨歸蘇氏。宇内之名山奥區，所在而有，其間野夫衲子，游人名士，登臨眺覽者，亦代不乏人，卒不聞有以山川之奇收之胸中者，古今以來獨推太史公一人。乃知世有眉山、太史公，則山岳自當爲效靈。無情之物，豈能益人神智？天下之能益人神智者，惟書卷耳。

予嘗憶少時性頗好讀書，以家貧無從多得善本，竊慨然發歎，以爲安得一有力者爲吾作小樓三楹，聚書萬卷，飲食寢處其中，期以十年，盡讀所藏書；更擇天下之端人正士、博聞有道術者爲之師友，相與磨礪切磋，然後出而與天下事，庶無媿古人，而卒不可得。前年庚寅，過海虞潛在先生之居。先生固海内藏書家也，爲吾開汲古閣，縱觀墳典，追思平生時語，慨焉若夢。因念如我潛在，此真所謂賢父兄而有力者。聞之有明德者，若不當世，其後必有達人，其在令嗣乎？已而長君華伯、次君補仲，後先以文見示。長君典確明茂，澤於經旨；次君縱横踔厲，饒有史才，皆天下士也。昔蔡邕得《論衡》一編，祕之掌中，聞其言者猶以爲必讀異書，況二君飲食寢處於萬卷之中，其度越當世，安足怪乎？而先生又慮其師資之或闕也，更爲之妙選名碩，如吳郡之殷介平、虞山之馬退山，與我邑之顧中庵及吾友陳確庵，相與朝夕講貫，磨礪切磋，或進之以經術，或勉之以道義，或旁通之以詩歌古文。此數公者，皆海内之所謂端人正士、博聞有道術者也，而二君皆得而師之。當此英年暇日，入奉嚴君之明訓，出聆師友之微言，坐擁百城，曠觀千載，將來成就，大則著勳韓、范，小則繼美歐、曾。區區科第制舉云乎？

山川靈秀之説雖不足信，然予觀潛在之居，虞山如屏，列嶂於後，隱湖吞吐於前，川岳效靈，將於兹再見矣。文章雖小技，亦足見一斑，當與世共決之。

太原王氏小宗祠議序

太原王氏，婁之甲族也，自文肅以相業著於萬曆，没世之後，功在宗社，其孫太常公請於朝，敕建祠堂於州治之正中，規制閎敞，爲一州之冠。春秋二丁，祭祀以時，有司致虔，易世不替。其族人皆惇謹質樸，無佻薄之習。太常公復能以禮睦族，歲時推恩，周浹遠邇。顧以分非大宗，無合族之權，每思推祖宗之意，以糾合諸宗人，而無其道。

其猶子某等相聚而謀曰：「古者禮有大宗，有小宗，大宗百世不遷者也，小宗五世則遷者也。蓋三代之世，諸侯相繼，其適子世爲諸侯，有民社之責，則無暇於治宗族，故以其別子爲祖，以統大宗。自後世封建不行，爵無世繼，諸儒之議，乃定以始遷及有封爵者爲始祖。然則文肅公而後，其大宗固有在矣。古者諸侯無暇及宗族，則別子爲之佐其治；別子之力又不能以偏諸宗，則諸小宗又爲之佐其治。今太常公之所統既定，無暇治諸宗，則諸宗之自治，不有小宗法在乎？」諸族人皆曰善。

於是乃期以乙未十月之朔爲文，以告高祖而立祠以祭。斷自四從，從古禮也；推及無祀，廣仁恩也；代掌祠事，辨賢能也；慎簡與祭，勵宗黨也。而爲之申約言六則，始之以積善，終之以養蒙，尊祖敬宗，收族之道備於是矣。事既集，西水諸子就予而謀曰：「凡禮有其舉之莫敢不慎。太常公既爲始封之宗，有祠廟，而予以一小宗厠於其側，不已陋乎？諸宗俱未立祠，而予獨舉祠祭，不已妄乎？」予曰：「否。予奉教於太常公，蓋有年矣，側聞其緒論，每以未能整齊族屬爲憂。今兹之舉，雖非太常公之事，而實太常公之志也。至若諸宗雖多，非有一人焉率先始事，則宗終不立，諸君子其殆爲諸宗之倡乎？是役也，上以輔太常公，下以勵諸宗，是君子之所樂與也，諸君其無讓焉。」

孔蓼園宗廟禮則序

古之人治天下國家，一禮而已矣。禮莫大於尊祖，尊祖莫大於敬宗，故古之人自天子諸侯以至於士庶，莫不有廟。廟者，所以聚祖宗之精神也。有廟而後有祭，天子之祭，《記》謂之合萬國之歡心，以祀其先王，然則諸侯之祭，合一國之歡心也，大夫士庶之祭，合一家一姓之歡心也，祭禮顧不重乎？

自三代而後，禮教衰息，天子以下知立廟以祀其先者寡矣，即間有立廟，而祭從苟簡，弗講於禮，其能合一家一姓之歡心以事其祖考者無有。余竊慨焉。向著有《宗祭禮》四卷，將率宗人以行宗祭。江陰孔蓼園氏見而悦之，取其書，斟酌損益，并參諸禮書，定爲《家廟禮則》，付之梨棗，而毅然見諸施行。

孔蓼園氏者，先聖六十六代之裔孫也，長予五歲，折節而從予遊，立意欲興其家學。嘗自言聖人之道必由躬行，而推行之道必自齊家始。所居梧塍故舊有家廟，蓼園糾宗人整齊修輯，百廢具舉。而又以祭禮向屬苟簡，特成此書，凡惇本裕後之事無不備，崇德報功之典無不舉，訓誨敦勉之法無不修，升降周旋品物器數之微無不講。蓋蓼園之於理也晰矣，於尊祖敬宗之道至矣。

予嘗慨禮義由賢者出，今之號爲賢豪者，往往營心利禄，而於尊祖敬宗之道，則廢而不講。風俗之不古，世道之不治，未必不由於此。蓼園湛深家學，每以斯世斯民爲己任，而遭逢不偶，僅以淑世扶民之學行之於宗族，此豈蓼園之心哉？然使由此而推而觀感興起，由一家以及一鄉，由一鄉以及一國，由一國以及天下，則家由此而成，國由此而治，天下由此而平。三代之禮樂，庶幾可復。是即蓼園振興家學之意也，蓼園又何所不慊於心哉？

重修曲阿皇塘荆氏族譜序

家之有譜，猶國之有史也。國必有良史臣而後有善史，家必有賢子孫而後有善譜。蓋史以記國事之得失，人才之消長，所以垂鑒誡而示將來，非徒以循故事也。史臣不良，則顛倒是非，淆亂黑白，誌傳之類，徒以書官爵、里居、姓氏而已。譜以記宗族之盛衰，子孫之賢愚，所以裕後昆而教敦睦，非徒以侈美觀也。子孫不賢，則廢棄委閣，視同弁髦，即偶一舉行，以爲迂務，相率袖手觀成敗而已。故譜難，而欲成一善譜更難。

予比年講《易》毘陵，丹陽荆氏之子豫章從予遊，數向予言其宗族之盛及其伯父遐咨克復祠田，其族兄公近議修譜系，意蒸蒸然。及予友教皇塘，而公近已翩然宦遊湖南矣。遐陬僻壤，宦囊如罄，追維曩昔之言，徒成虚語。遐咨之兄汝望與遐咨奮然而興，曰：「夫孰非荆氏之子孫也歟哉？即不宦遊，如祖宗何？且固有祠田之餘租在，年來拮据辛勤，銖積寸累，固將以有爲也。以祖宗之資爲祖宗之事，有功而無罪。若宦遊有心，寧不可爲後繼耶？」於是宗賢雨若、祁辰、集生、慈衛諸賢，慨然以編輯鈔録自任，以辛亥之歲聘予從事。

既至，出舊譜於案，則煌然大觀也。荆固始漢荆王賈，高祖之從兄，以功封京口，故遺族丹陽，迄今五十餘世，子孫數千丁，猗歟盛哉！華胄遠矣，其祖道亨、雲洲諸公已一爲始事，一爲續修，特以指示不得其人，編纂無法，重複淆亂，頭緒紛然，雖龐然大帙，其中無所有耳。

予乃約而爲二，一爲世系，仿《史記》之年表也；一爲世紀，仿《史記》之紀傳也。觀世系，則子孫之長幼與昆弟之有無瞭然；觀世紀，則其人之生卒與平生之行實瞭然。而且先之以世原，以見其祖宗之所由來；後之以録賢，以見其子孫之所由盛。祠堂有紀，昭萃涣也；祭田有紀，詳贍族也。封誥之榮，則録於首，以尊朝廷之命；贈言之美，則附於後，以存鄉國之評。釐爲卷者凡十，整整然，秩秩然，雖不敢擬於古之良史，而以視近日諸家之譜，則以爲頗有法焉。雖然，苟無賢子孫，則譜雖成，以不急之務視之，亦將委諸草莽而已。其決然登諸梨棗，播諸通族也，詎非汝望、遐咨及通族諸賢之力歟？是爲序。

龍城郝氏宗譜序

嗚呼！吾讀昆陵學博郝樞庵先生所輯龍城郝氏之譜，而知古者先王之德與其所以治天下之道也。古者先王之世，以身取人，而其所以取之之道必由六德、六行、六藝，教而後賓興之。其既入官也，必三載而後考績，三考而後黜陟。取之惟恐不當，任之惟恐不久。至於漢世，法猶近古，選舉必由鄉里，爲吏者長子孫，故終漢之世，享國長久，而風俗亦稱爲淳厚。夫風俗之淳厚，非必盡由在上之人有以風厲之也，一邑之中有一二世家大族以禮義廉恥治其家，則相觀而善、磨勵而興起者多矣。《周禮》所謂「宗以族得民」，正以此也。

在昔有明之興，猶得此意。洪、永時，山西廷獻郝公以賢良方正舉，其子諱鏜者，亦以懷才抱德見用，所歷皆有宦聲，非所謂取之當而任之久者乎？乃廷獻公之令蕭也，以蕭人愛戴之故，遂至占籍於蕭，至今樞庵先生已歷九世，其間支派繁衍，子孫盛昌，一邑之中，莫之與京，豈非所謂爲吏者長子孫乎？然吾詳觀於譜，而知郝氏之占籍於蕭，非獨郝氏之福也，蓋亦大有造於蕭焉。凡宗族之以高爵厚禄富貴稱於時者，此一家之幸，而非一國之幸也。爵高則生驕，禄厚則生侈，驕與侈并而國之人爲其所憑陵而兼并者多矣。惟仁義道德可以維風而善俗，惟忠孝名節可以廉頑而立懦。

今郝氏之譜，大約仕宦者多儒官，居鄉者多耆德，爲諸生者或以仗節死義稱，或以孝親友弟著，至宗族之婦人女子以節烈旌表者，尤代不乏人。嗚呼！蕭之人觀於郝氏而有不觀感興起丕變而成至美之俗者，豈人情乎？則所謂「宗以族得民」者，不又於此而益見乎？故人謂樞庵先生之爲是譜，將以齊家也，吾謂即以之治國也可。

贈蛟水吴公去思序

婁，負海之國也，其土地沃衍，饒魚鹽蜃蛤，其民俗淳古質直，重報施，急公上。自明末困征輸，俗始凋敝。國朝起而拯之，擇良吏撫循兹土，民蒸蒸有起色矣。己亥之役，海氛忽動，婁遂爲邊地，瀕海設厲禁，魚鹽蜃蛤之利，民莫敢措手足，歲屢不登，急餉之符又朝夕下，窟兔乘時爲奸，民相顧莫能應。於是弱者棄父母妻子，轉徙他邑，强者且睊睊胥讒，而攻訐犯上之風以起。垂白之老私相歎詫，以爲吾婁人心風氣，遽至於此，向者淳古質直之俗，其遂亡矣乎？

庚戌之冬，四明蛟水吴公奉朝命來掌州事，時方值大祲之後，主者不能以民隱聞，漕事卒不得辦。寒冬積雪，追呼徹晨夕，民之斃於飢凍桁楊者，不知凡幾。公既至，蹙然傷之，去苛慝，除宿弊，民之慶更生者，相賀於道。未幾，奸民有不便者爲蜚語，欲中公。公慨然曰：「民之不可與莊語也如是夫！」即日命駕行，通國之人惘然莫知所措。或告縉紳，縉紳曰：「公去，吾民誰與活？」群相約留於堂，公不顧，毅然就道。又群約阻於道，公又不顧。國之紳士耆老奔走圍呼於城曰：「公走矣。公去，我誰與活？」於是邑之大家著姓以及閭井小民販夫販婦，無不號泣奔迸，如救火然。或臥於地，或跪伏道左，擁馬首不得行。或曰公之行必由西門，一呼而集城門者以萬計，運木石，壘城闉。四郊之民聞公將去者，亦相率至城下，城閉不啓，相與聚哭於城門，城内外殷然震天。公心動，徐曰：「我郡行爲公事耳，非去汝也。」民終不散，乃徐歸治。予時與父老立道旁，歎且泣曰：「吾婁之人心，庶幾其不死乎？世之治亂，天爲之，人心之善否，主民社者爲之也。吾婁風俗，向以淳古質直稱，而一變爲險訐。今日之舉，人心頓復其舊，挽回風俗，非公之力而誰力乎？」

婁之民以上官去任而壘城闉者凡三，一爲明末四明錢公，一爲國初三韓白公，然兩公皆莅任久，又風俗未壞。若公則得之於期月之間，風俗大敝之後，以此知公之感化爲神且捷也。公歸治留婁，又四月煮粥，活飢民以數十萬，被荒逃絶之户，公爲設法借貸完漕，急餉如火，緩徵以俟麥熟。開江大役，不動聲色，勞逸有節，給發以時，他郡饑民受檄來就河工者，公廬舍飲食之，病者給醫藥，死者具槥木，爲民父母之道盡於是矣。而公方督各邑漕事，四月之間，以餘力庀劇邑。非德厚如山，才大如海，能若此之勝任而愉快乎？

公既畢事將歸，郡婁人士咸賦詩歌詠之，以予言率質，徵序於予。予伏處草莽，久絶人事，今年春婁江役興，各臺以予頗知水，召參末議，識公於天妃宫次，外此未嘗有私謁也。然公之德澤在人，如日星麗天，不可以無記，是爲序。

贈湯公綸聘主鎮山書院序❶

夏陽雖小鎮，爲漕艘所經重地，又官舶往來，其民率多負輓送迎之苦，往往盡室追呼，幾無寧月。以故，民鮮餘貲，其子弟多不能就鄉塾。

明時鎮山朱公來莅其地，閔子弟之不知學，爲建書院以教之。院之以鎮山名，爲是故也。歲久院圮，將爲茂草，今雲間震雉顧公復主是鎮，覩書院之圮，乃慨然興思曰：「此不獨爲子弟計，蓋於國家之漕運亦有大係存焉。夫民生之促，至今日爲已極矣，其所以忘勞忘苦，爲國家風牽雨宿，而不惜身命、不敢怨嗟者，爲尊君親上之義耳。夫尊君親上之義，此豈可以片語單辭家喻而户曉乎？教之於暇豫，養之於童蒙，使之子與子言孝，弟與弟言弟，則尊君親上之義，亦可因之衆著於父兄也。」乃捐千金，舉書院而一新之，而獨難於主是院者。吾友毘陵湯子公綸，明體達用之士，先以游沛縣，爲水部常公所知，一邑盡傾，至是適從燕歸，過

❶ 「序」，康熙本作「文」。

夏陽。顧公聞之曰：「此吾民與子弟之所夙受教而信從者也。」急具金幣，造舟而請，且曰：「人生之所以得有千古者，能爲名教中任一事耳。某雖不才，願與先生共此千古。」湯子不得已而諾之。

時湯子爲常公所知，以湯子非常才，欲朝夕談論，處以西席，湯子亦心許之矣。兹以顧公意不得辭，而心頗不安，歸以問於予。予曰：「往哉！夫常公之意，以西席致吾子者，非以吾子之才爲獨善於西席也，亦非以西席之任舍吾子外遂無人也，知吾子之才，欲吾子之大有成就，意可知矣。而夏陽之民又皆常公之子弟，吾子膺顧公之聘，教夏陽之民，而因以餘力大肆力於學問，以答常公始終玉成之心。則是行也，不獨顧公之心，而實常公之心，吾子其何疑焉？」湯子聞而樂之。於其將行也，書之以爲序。

贈如皋吴白耳序

大江之北有白耳吴子，今之醇儒也。年二十渡江，從我完趙夫子游，與予爲同門友。時白耳定交於顧子殷重，予從殷重齋持刺謁白耳，一交拜，彼此惟寒暄，無所言，後遂竟去，予亦不知白耳爲何如人矣。迄五六年，予與聖傳、虞九、言夏共爲格致之學，以躬行相砥，即制舉業，無敢事浮藻。我完夫子閱予文，咤曰：「子文何乃似白耳？白耳之爲人，非特文欲爲程朱之文，即行亦欲爲程朱之行。」予乃悚然，還憶當日吴白耳，其人頎而長，整而方，頭容聳直，色沈毅不可犯，殆真能擔當斯道者。自是胸中始有一吴白耳。

己卯秋，言夏以試事入南都，予語之曰：「如皋有吴白耳者，誠吾輩營道同術友也，盍訪諸？」既而言夏遇白耳於白門，歸述勉勵之言甚至。歲癸未，白耳忽馳書幣，邀予渡江而北，共證所得。開緘發書，語意鄭重，予愧謝不敢，止録《思辨録》數十條附寄。白耳即爲《思辨録條對》二卷，復緘示予。予受而讀之，始知白耳亦爲格致之學，與予輩平昔所勖，千里之遠，有若符契。於是夢寐中輒時時見白耳，願一握手不可得矣。

申酉之間，丁變革，大江南北皆罹兵燹。私念戰争之餘，人事安全或未可倖得，而賴天之靈，彼此獲祐。方擬買舟過訪，白耳忽攜其二子，翩然南來，渡揚子，歷吴會，迂迴數百里之遥，與吾黨諸子往復論道。夫天下之憚於跋涉者多矣，富者戀逸樂，貧者怯斧資，誰能不惜千里之遠？抑其間亦不無經歷險阻，冒犯霜露，驅車策蹇，以過都越國者，然其人大率皆趨逐勢榮，奔走名利，求其屏絶世味，徬徨求友於幽遐寂寞之鄉者，殆絶無之。昔之人有稽康、吕安者，每一相思，千里命駕，古今以爲美談。顧其彼此投契，亦不過放浪形骸，縱情詩酒，以取快一時。若夫天人性命之微，道德仁義之旨，則孰與言之而孰與倡之乎？惟吾白耳，内以格致誠正之功治其心，外以五經六藝之學教其子弟，而又能躡屩擔簦，不憚千里以求夫所謂心同理同者，而與之切劘講貫，然則吴子其今之人歟？擬諸古人，其得不謂之孔氏之徒歟？吴子與予同年生，其學先於予三載，三涉大江，與四方諸名流反覆印證，無不叩其中藏而盡其底藴，而予固以老母弱子之累，不得出門外一步，愧吴子多矣。是故因吴子之來而贈之序，以見吾志。

贈邢杏江長者序

予以丁酉初冬，被西山張文宗之聘，輯《儒宗理要》書，戊戌三月，書成。至江上，即廣詢邑中之賢者，邑中多以杏江對。沙子介臣者，亦邑中奇士也，執贄於予，爲予道杏江甚悉，且曰：「杏江今年八十一矣，進學之志不減衛武，生平不欺暗室，學以居敬窮理爲本，讀先生論學書，深加敬服，欲拜門下。」予笑而頷之，亦謂杏江或有其言耳，未必有其心，抑有其心，未必有其事。然即有其心，今人中亦不可得矣。

夏五月，再過江上，寓蕭寺小樓。時予方病，絶人事。又天雨掩關，惟諸門人過從。忽聞樓下屐齒甚喧，有老人呻吟聲，則杏江衝雨，令其子扶掖而至，匍匐登樓，投刺稱門下弟子，堅欲下拜。予不敢當，辭之甚力，杏江執不已。時予兩人皆病，而杏江又遠來，交讓間，俱喘息不勝。旁諸門人曰：「杏江先生向執意不可回，先生毋固辭，但病體不能下拜，或交揖可耳。」於是乃交揖，而竟遜予居右。揖畢，喘不能語，旁有榻，乃扶之卧。少間，蹶然起，拱手向予曰：「弟子之所以服膺於老師者，不特朝聞夕死之意，蓋亦有夙願焉。自世風之去吾儒而趨二氏也，無論縉紳長者，見僧徒則拜，見道流則拜，獨於吾儒則偃蹇傲睨，堅不肯屈，即有一二能忘年稱弟子者，輒咤爲盛事。予頗不平，竊私心自誓，若當吾世而有真能學程朱者出，吾雖耄，必先拜受業，爲天下倡。今先生真吾師也，敢不拜？」因復下拜。予急掖止之，飲以參湯，欲少談議，而以入署急，不得款語，然予答刺，猶稱晚生也。數日後，予出署，宿門人曹頌嘉齋。杏江又至，執贄而見，肅衣冠而拜曰：「不如此，不足以見吾心。」予曰：「止止。杏江亦知拜與不拜之間，吾儒與二氏固有道乎？」杏江曰：「唯唯。」予曰：「長幼卑尊，即道之所在也，二氏不知長幼卑尊之即道，故沙彌不拜其母，而方術家且以父爲子，若吾儒，則禮義由賢者出，何可紊也？然則吾儒之門，向者拘拘於長幼之間而不拜，或者即吾儒之道乎？」杏江曰：「雖然，生乎吾後，其聞道也先乎吾，吾亦從而師之，韓子言之矣。先生雖謙，弟子終不欲易初念也。」於是諸在座者皆興，辭以杏江之誠不可卻，雖不拜，卒定師弟之稱焉。

杏江名衡，字孟平，學於李鳳岐。鳳岐授以《學庸講義》，杏江更爲《續説》二篇，至是以質於予。予讀之，鳳岐猶未免帖括，而杏江則意在躬行也。其論格物，云「格」字有推勘裁正之意，又有以慎獨爲絶情去識，孤明炯炯者。杏江曰：「當喜怒不喜怒，當謀慮不謀慮，何以治天下哉？」即此可以知杏江之學矣。予既敬其人，而又感杏江之意爲千古而發，不可不爲之一表章也，於是乎書，且即以此贈之。

贈崑山歸元恭序

癸巳之四月，崑山歸元恭讀予《思辨録》，謬以爲不悖於道也，愛而樂之，且將從遊焉。辛丑之辰，造桴亭，持此意甚篤，予辭之不獲。時元恭少予二歲，不得已遂定兄弟之禮，且囑予書「父母生之，上帝臨汝」八大字，欲置之座隅，以爲進德之助，曰：「弟之所望於吾兄者至矣，兄可無一言以勖我乎？」予惟夫元恭，今之所謂大賢人也，承乃祖震川先生及尊人文休先生之家學，工文章，能詩，善擘窠大字。以申酉之變，痛心家國，遂絶意仕進，遯跡山水之間，往往佯狂痛哭，人比之謝臯羽。詩歌古文，横逸豪放，而又多經濟大略，人以爲陳同甫復出。遊於四方，四方皆重之。元恭之爲元恭，亦足以高視一世而自同於古人矣。若儀者，行拙而才弱，自知不足以樹立當世，不得已而爲朽鈍之學，乃元恭不以爲朽鈍，固欲舍珠玉而就穅秕，元恭其有望道未見之心耶？雖然，此亦元恭自學其家學也。昔者，震川先生嘗從遊於莊渠先生之門，莊渠先生其學一本程朱，而又湛深於經術。震川宗之，發爲文辭，體用並茂。今讀其全集，如與顧伯剛論一貫及山舍示學者，與夫禦倭、論水利諸書，皆皇皇明體適用之學，論者不察，顧以其文辭之妙，掩其實得，此豈知先生者哉？元恭而誠有志於爲學，則亦自學其家學而已矣。

夫古人之論孝也，必以繼志述事爲大，故前人有未竟之緒，從而張皇開拓之，此孝子慈孫之事也。今以文休先生之文采，震川先生之經術，而猶未能如程、朱、韓、范之倫，以實學尊稱後世，此非我元恭之責乎？然欲求無媿於親，先求無媿於天。無媿於天，此即先儒主敬之功也。善乎莊渠先生之言曰：「天若無靈，人心之靈從何處得來？」又曰：「天與人無時不相接，日月照耀便如以目覩吾，風之吹嘘便如口氣披拂我。」茲數言者，此昔日震川先生所親承教誨者也。震川先生所親承之教誨，而我元恭即以昔日先人之所奉者奉其先人，可不謂繼志述事乎？則「父母生之，上帝臨汝」之言，其真吾元恭今日所當戰兢惕厲者乎！

儀也不才，其精神力量固不如元恭之萬一，然猶記十六七時，先君勖之以私規，中有云：「一飲一食，常維經義，可以收放心；或坐或卧，如對聖賢，可以卻邪念。」儀揭之座隅，愧未能副。至二十七八爲主敬之學，慮敬之或至於散漫也，時奉一天以臨之，主敬之功乃大進。是其爲學之端緒，頗有合於元恭之所志者，故并書之以爲贈。

温如先生七十壽序❶

温如先生，吾友確庵之尊人也。予自十四五，即與確庵爲文字交，二十六七，與確庵爲道義交。予長確

❶ 「壽」，康熙本無此字。

庵二歲，確庵視予如兄，予視温如先生如父。憶自庚辰歲，先生方六十，儀與諸同人持卮酒前壽。當是時，述先生之行惟恐不詳，蓋慮天下之人無以知吾確庵，即無以知先生也。今確庵名滿鄉國，鄉國之人皆知有確庵之父温如先生。是先生之行，塗人孺子能道之矣，予復何敢贅一辭哉？聞之壽世俗之人以文，壽君子之人以質。先生今之有道仁人，予與確庵皆學道者也，昔子静居荆門，講《洪範》一章，爲天子萬民祈福，儀亦請誦「仁壽」一言，爲先生祈壽，并述先生致壽之由，可乎？

夫維天下之壽一也，有幸而得之者，有持之若券者。有幸而得之，得之適以爲累者；有持之若券，而又無往不善承其天之所賜者。今天下之人豈少八十九十與夫百年期頤之人哉？然其所云壽者，我知之矣。其在富貴，則營心利欲，終日搰搰者也，嗜名干進，得隴望蜀，未得患得，既得患失者也。其在貧賤，則衣食粗糲，手足皸瘃，風雨饑寒，負載道路，所不能悉數。即幸而免是數者，或目不知書，或子孫顓愚，或爲人賤惡。設如是而壽，以爲幸乎？非幸乎？以爲累乎？非累乎？惟先生不然。先生當處困時，環堵蕭然，日以教子讀書爲事，左圖右書，稱詩説禮。暇則壺觴吟詠，欣然若將終身。及確庵舉於鄉，人以爲先生且將及時行樂矣。先生曰：「是非吾志之所存也，吾家世讀書，今吾子既成名，我將以教二孫。」乃謝絶世俗，一以課孫爲事。已而，丁申酉之變，確庵奉先生隱於鄉，老屋荒江，敝衣蔬食。當是時，雖少壯强有力之人，苟非較然於名節道義，未有瀕危苦而不動心者，而先生益泰然自得，日賦詩見志，每當兵戈沸騰、風雨離憂之際，得句輒益奇，神益王，氣益勵。今天下粗定三四年矣，盜虚聲者皆出爲陽鱎，而先生成確庵之志，甘心肥遁，遠近知者，無不歎息。海虞毛子晉，今之君子也，聞先生父子之風，避屋讓居，率子弟從學，湖濱之人一時風動。今年春，讀兩家及辰唱和，無論父子兄弟師友，極一時之盛，即先生二孫，亦彬彬有王、謝家風矣。

夫天下之壽一也，世俗之爲壽若彼，先生之爲壽若此，此其故何哉？世俗之壽，壽於身，先生之壽，壽於心。壽於身，故幸而得之，適以爲累；壽於心，故持之若券，無往而不善承其天之所賜也。孔子曰：「吾之於人也，誰毀誰譽？」則知聖人斷未有善譽人者，而獨於大德，則曰必得其壽。必得者，必之於其心也。心者何？仁而已，故曰「仁者壽」，先生有之。

翼王尊人新川先生七十壽序❶

予最慕瞜地多君子。瞜之鄉土厚而水深，其君子敦信而能文，其小人力本而尚義，蓋父生師教者有素，故吾吴七邑，惟瞜地最多君子。

憶自癸未歲，漢陽黄赤子過婁，與予談道甚樂。赤子方有瞜之行，予送之曰：「瞜有陶庵黄子者，讀其文，有德有言之君子也，子盍訪之？」赤子歸，而述陶庵文行甚悉，且云瞜實多君子，將與予聯兩地之好。無何，赤子北去，予亦疎慵，竟不得交於瞜。然每當良晨永夕，與二三同志講學論道，輒遥指東南曰：「予必於是乎得友。」同志訝之，未敢以爲必然也。未幾，天下當申酉之會，以爲友朋之樂不可復得，乃忽於風塵邂逅

❶ 「壽」，康熙本在「翼」字上。

中，值吾翼王陸子，當亂世末流，未審何以遽能如此。徐而叩其淵源，則陶庵高弟也。予不覺瞿然曰：「嗟乎！向之所謂師教有素者，固若是其信乎？」已而與陸子交益深。

陸子尊人新川先生方七十，乃書其生平見示。予捧而讀之，益不覺瞿然曰：「嗟乎！師教有素，信矣。而陸子獨兼父生師教而有之，亦何怪乎成立之宏且鉅乎？」夫人之成立，有得之天者，有得之人者。得之於人，師之教也；得之於天，則必由於父之所生。故古今聖賢，尤以得天者爲貴。程子之於太中，朱子之於韋齋，皆得之天者也。今新川先生，其少也孝友而恭敬；其長也存心利物，不以一命之微而少懈其誠；其老也安貧處順，勉其子以道義名節，而不動心於浮雲之富貴，雖古之太中、韋齋，無以加焉。陸子之得天如此，亦何怪乎成立之宏且鉅乎？然而陸子之心有不盡焉者，以爲爲人子弟而得其父與師之傳，則必求所以無負於其生，無負於其教。今者勵志隱居，守先待後，於陶庵之言無不明，於陶庵之行無不行，師之所教，庶無負矣。而獨計無以榮其親者，故汲汲焉冀以親之善聞於四方，樂得四方賢人君子之一言，以爲其親壽，是其心誠善，然愚以爲未足以榮其親也。夫使榮其親而僅取足於文辭之末，則其爲榮也亦淺矣。太中、韋齋固賢，然今日之稱太中、韋齋者，不以其多頌禱之辭，而以其子之能爲聖賢之學。夫程子之能爲聖賢之學，遵其師濂溪之教也。朱子之能爲聖賢之學，遵其師延平之教也。然則翼王亦遵其師陶庵之教，以爲聖賢，是即所以榮其親也已，他又何問焉？

鄭士敬孝廉六十壽序❶

從來當變革之際，山澤之間必多賢人君子，爲人倫所推服者。蓋其人之文章德業，原足以羽儀當世，不幸而適逢其厄，則其精神之所掩抑，每發見於述作之間，以淑來學，以慰後世。而一時親被薰陶之士，亦皆樂奉之以爲榮。此儒林之盛事也。吾吴自文文肅、姚文毅諸公，以道義名節相砥勵，維時同遊之士，莫不一趨於正直。申酉之間，凡身爲大臣者多以身殉國，其他若孝廉諸生，或抗大義，或甘苦節，類皆竄身寂寞之鄉，怡情墳典之内，若桐庵先生者，亦其一人矣。

桐庵少以文章名於時，與徐勿齋、楊復庵兩先生先後馳騁。當其時，海内知桐庵之名者，莫不爭欲得桐庵以爲重，使桐庵稍委蛇其間，獵取科第特易易耳，而桐庵一稟姜燕及、熊魚山兩公之教，篤志守正，專意學問。及乎遭遇變革，世之乘時會以取功名者，固弗論矣，即不然，而放浪河山，寄情詩酒，以發抒其悲憤無聊鬱勃不平之氣，亦可以標榜聲譽。而桐庵獨處之若素，安之若命，閉門纂述，寒暑不輟，以《易》爲吾儒窮理盡性之書，尤極究心參考先儒同異之言，欲勒成一書，以昭示後學。

蓋予自喪亂以後，嘗兩叩先生之廬，門庭蕭然，里閈間若不知有鄭孝廉其人者。先生之於隱，可謂得其理而遺其形矣。在《易・否》之象辭曰：「君子以儉德避難。」又《明夷》之彖曰：「利艱貞。」夫子爲之傳曰：

---

❶「壽」，康熙本在「鄭」字上。

「利艱貞，晦其明也。」夫德之與明，固君子所奉以終身者，非若炫飾文辭，矜伐才美，足以驚世賈禍。而聖人猶兢兢乎儉之晦之，則知處斯世者，非深於《易》理，即果能肥遯，亦未必有當於三聖人繫辭之旨也，況乎以終南爲捷徑者耶？今年清和，爲桐庵之六十，故書之以贈。

盛旭初先生六十壽序❶

《書》云：「后克艱厥后，臣克艱厥臣，政乃乂，黎民敏德。」予謂一家之中亦然。父克艱厥父，子克艱厥子，則一家之家政亦乂，而家人皆敏於德矣。吾婁煙火百里，其間處富貴、享康樂耆年高壽者，何止數十百家？然大率皆憑藉先世，享有成業，否則侈一時運命之美，以倖得者也。

惟吾旭翁則不然。旭翁，吾友聖傳盛子之尊人也。聖傳與予爲總角交，同讀書里塾中，惟吾兩人最相得。憶是時聖傳尚居北門，其家負城，有高樓，平臨城上，啓北窗，則雉堞環拱，逶迤若帶，城頭游人歷歷在目。予輩每當風日佳勝，輒同友人四五輩登聖傳樓，嘯詠終日。聖傳母夫人輒具酒果，以爲常，而獨不得時見旭翁。訝而詢之，則翁方犯霜雪，冒風雨，帶星出入，庀治家事。予輩相與竊歎，以爲有父如此，此聖傳之所以得肆志讀書也。

已而中遭搆侮，家道頓落，移家州治旁，與予家相望數武。聖傳每過予，輒執手唏噓，以不終竟讀書爲

❶「壽」，康熙本在「盛」字上。

慮。當是時，吾聖傳之得不棄舉子業者，蓋亦幾希矣。惟吾旭翁，竭其筋力之勞，心思之瘁，外捍門户，内周饔飧，必不欲令聖傳棄書策，與俗事。至庚辰，而聖傳始以吾邑第一人見知於甬東希聲錢公。於是翁之眉稍舒，家道亦漸復，及今日漸充裕，而翁勤勞辛苦，始終如一日。聖傳齏鹽不給，讀書窮晝夜，竟成名當世。仲弟善先，季弟允修，隨聖傳讀書力學，一家父子之間，其殫力克艱者如此，彼夫家庭之康樂，子姓之肅雍，童僕臧獲之嬉遊安飽，率皆由此而致耳。而世俗之人，無先生父子之克艱，欲妄希先生父子之肅雍康樂嬉遊安飽，無論不可得，即得，亦安足貴乎？吾故表而出之，以告夫世之未能克艱者。

徐潤甫先生七十壽序❶

父子兄弟，人倫之至近也；慈孝友恭，人道之至常也。自晚近之世，父弗克作室，子弗克堂構，兄弗克友厥弟，弟弗克恭厥兄，於是父子兄弟之間，求一慈孝友恭能盡人道者，幾如祥麟威鳳之不可復得。此非晚近之人決不可與入慈孝友恭之門，政失於上，而教之者無其法，俗衰於下，而養之者無其道故也。

何謂教之者無其法？往者三代盛時，家有塾，黨有庠，術有序，國有學。始生即教之以保姆，稍長則教之以外傅，教之冬温夏凊，教之徐行後長，蓋所以漸摩之者至矣，故民皆比屋可封。後世成均法廢，朝廷取士惟求諸文辭之末，六德、六行概置不講，骨肉之間動成吴越，耰鋤箕帚之嫌，又不足道矣。所謂教之無其

❶ 「壽」，康熙本在「徐」字上。

法也。何謂養之者無其術？一國之政聽於明君，一家之政聽於嚴父。故國有善政，則一國之中父父、子子、兄兄、弟弟，而一國治；家有善政，則一家之中父父、子子、兄兄、弟弟，而一家治。抑不特此也。父而慈，則可以感其子之孝；子而孝，則可以感其父之慈；兄而友，則可以感其弟之恭；弟而恭，則可以感其兄之友。蓋至於交相感，而一家之中有不上躋於隆古之俗者，未之聞也。今之人則不然，父慈則子謂其可以狎恩矣，子孝則父謂其可以虐使矣，兄友則弟謂其可以慢視矣，弟恭則兄謂其可以分陵矣，久而至於不可復道，蓋積漸使然。所謂養之無其道也。然則當今之時而有一家之中父子兄弟克盡厥職者，既非庠序之教，可不謂嚴父之善養有以使然耶？

潤甫徐先生，吾友子承之尊人也，性最慈，敦樸謹厚，鄉里推重，尤善教子弟，非先王之法言法行，不敢以示子弟也。有子二人，長即子承，次子岳。子承業儒，以文章顯，乙酉後，承親之志，隱於醫。子岳列肆通衢，操子母術。二人皆竭股肱，以養先生，先生坐而享之，怡怡如也。夫學士大夫之家，有子弟而不得享子弟之樂者多矣，先生獨安然而享之，謂非先生養之有道不可。且吾觀先生之家，子承昆弟，悉力甘旨，而猶惄然以菽水不職爲憂。先生受二子之養，可以不問出入矣，而猶時時慰勉二子，不忍竭其力。至於兄弟之間，偶有疾病空乏，則各竭心力相佐，無少吝。夫一家之中，父子兄弟有一人盡厥職者，尚可以感其餘，而況父父、子子、兄兄、弟弟如吾先生之門者，倘所謂隆古之俗非耶？然非先生善養不能至是，故敢以是歸之先生，即以此爲先生壽。

陳母顧太夫人六十壽序❶

予自少時讀文莊公所刊史傳古文辭諸書，輒慨然深念，以爲不幸而不得生同里居，奉侍函丈，博領無窮之教。及戊子歲，始得識我瀛寰兄。時予方伏處城東隅，絶跡不與户外事，瀛寰忽披荆棘見訪，黄衫偉貌，鬚髯若神，飲酒至一石不亂，因念非文莊公不能生此異人。今年秋，過吴門，登瀛寰之堂，入瀛寰之室，讀其先世遺書，并瀛寰兄之著述。酒酣語半，瀛寰因出其母夫人生平大概，屬予爲文以壽。予讀而歎曰：「嗟乎！此文莊公之所以能修身齊家，而瀛寰兄之所以能成大名、顯當世也。」

夫閨門之行，不聞户外，視其夫若子，則其閨門之婦道母道從可識矣。文莊公以盛年取巍科，文章名譽，傾動海内，而又當夙昔全盛之世，使爲之内者以聲色事文莊，耳目玩好日陳於前，清歌豔舞日進於側，文莊公雖賢，能無少分著述事功哉！昔王文正公，宋之賢相也，有以銀器進者，揮而卻之。及帝賜以二姬，久之，問銀器尚在否。蓋聲色移人，賢者不免。而文莊公卒能以恭儉終其身，居家，日讀書數萬言，手披口吟，不停晷刻；立朝則匪躬盡節，置家人産不問。凡門户出入，皆太夫人與劉太夫人共襄之。至於文莊公之罹禍患也，則又太夫人隻身周旋，間關萬里，荼苦辛勤，卒免於難。居室有衛公子之善，臨難有寧武子之愚，雖在丈夫，未可多得，而太夫人以一身兼而有之，可不謂賢乎？然猶曰在昔盛时，縉紳先生皆以名教自任，閨

❶「陳」上，康熙本有「恭祝」二字。「十」，康熙本作「袠」。

門肅雍，匪甚難事也。至啓、禎之末，天下方群事驕奢，瀛寰兄暨次君崧及，咸血氣未定之年，匪太夫人教，則翩翩爲濁世之佳公子，亦何不可者？而兩兄入奉母訓，讀書行義，不敢少墜文莊之教。申酉之間，天下震動，瀛寰匍匐拜疏，捧檄兩都，激昂慷慨，大節顯著。馴至今日，雖昔日所號爲潛龍者，皆化爲陽鱎矣，而瀛寰獨鞠躬奉母，固窮守節，一遵古人善養之訓。兩君雖賢，使非太夫人教誨有素，善成其子之德，亦安能菽水晏然，有如是之安且樂者哉？儀之於瀛寰友，蓋友其德者也，故因瀛寰而樂述其母夫人之善如此。

送陸生熙先入學序

陸生熙先從學於予，自丁丑始也。丁丑，予館於家，從遊者數人，熙先與焉。時予方以三四友朋相勵爲聖賢之學，以事屬創見，畏俗譏議，凡往來講貫，雖生徒輩，咸不使聞，晨夕督課，爲舉子業而已矣。顧生徒輩亦稍稍知之，予微察其狀，則有笑而議者，有鄙爲迂闊者，有憒憒若罔聞知者，獨熙先竊不以爲非，聞予説書，往往色喜，曰：「儒者之道，若是其簡易耶？」遂與予甥許生舜光率先從事，一時同學之士，群然非之。秋冬之間，予偕友朋習射，熙先亦輒習射。既又聞博論天文、地理、河渠、兵法之學，則又益深喜，曰：「儒者之道，若是其不迂且腐耶？」乃更進而肆志於用世之學，一時又群然非之。

夫其群然而非之，非不愛吾熙先，而謗訕訾議，如今世之所謂詆毁者爲也，以爲求世資，取功名，是固有方焉，而無俟乎紛紛者之爲。蓋實以其夙昔之所憂先生者轉而憂良友，而非謗訕訾議，如今世之所爲詆毁者爲也。使於斯時而志之一或不堅，信之一或不篤，其不至倍棄決裂絶袂而去者，無幾矣。乃熙先獨奮勵服膺，久而彌摯，雖已去予館，而無日不遊於予之門。度其心，豈復以功名世資沾沾爲念者哉？無何，朝廷以國鮮韓、范，擬育士於武庠。熙先曰：「吾將以試吾用世之學。」請於予，予曰：「可哉！」一試而獲售。既而又曰：「此吾偶事，非儒生家本業也。」復應諸生試，今年春又獲售。夫熙先之志，非有殊於昔日也，熙先之學，亦非棄故趨新，悖道義，絕經術，以求類乎今之字櫛句比，惟知干祿也。然而以試若彼，以售若此，所謂功名世資者，獨先於同學之諸生，何哉？吾於是而知當世之士之負朝廷，非朝廷負當世士也。

夫朝廷之於當世士也，畏其不知道學，則教之以四書五經；畏其不通時務，則課之以策論騎射。而當世之士獨曰朝廷未嘗命我以實學也。上之人諄諄而誨之，下之人藐藐而聽之，而顧以爲上之人之所取者，弗在於是焉。試以觀乎熙先，上之人之所取於下者，固何如也？同學諸子，其亦可以相觀而悟矣。是故予於熙先之得售，不爲熙先慶，而獨忻忻於予説之不謬，且以明朝廷未嘗負當世士，而願同學諸子，皆有以志熙先之志，學熙先之學也。雖然，予於熙先尚有望焉。天下事未易盡，不特一諸生而已，循是道而求之，大而程、朱，小而韓、范，皆是物也，吾將以子取徵於天下，區區同學云爾哉？

送許氏甥舜光入學序

子謂子賤：「君子哉若人！魯無君子者，斯焉取斯？」註曰：「子賤能尊賢取友，成其德也。」夫尊賢取友之説，自童子至成人，父以之教其子，兄以之教其弟，師長以之教其後學，莫不人人而聞之，亦莫不人人而行之，此豈世之所謂絶德者歟？而夫子獨以之許處子，何哉？蓋尊賢取友之道有三難：驕不可，惰不可，浮不可。何謂驕？凡子弟之秀者，氣必輕俊，聞先生長者、强毅有學行之士，則曰：「我何遽不若彼？」此矜氣勝者也。其次則曰：「我何敢望先生長者？我何敢與强毅有學行之士先後而争步？」庸庸詭隨，爲平常人耳。至譎者則又不然，見先生長者，輒交臂屈膝；見强毅有學行之士，輒折節而争赴。觀乎其中，則取資求益之心概乎未有聞焉，向之所爲交臂屈膝、折節争赴者，爲貌而已矣，若是者，視驕惰爲尤甚。世之所爲不能尊賢取友，大約類此。

予甥舜光，天性淳謹。丁丑來從予學，時年尚稺，予悉力教訓，然成人之道未敢相語。戊寅，予居先君喪，虞九、言夏、登善諸兄坐予齋，教以不逮，予命舜光侍。數日後，舜光忽語予曰：「焜未嘗覩如此諸先生，終日坐語，不聞燕僻之言，不見燕僻之容。」予曰：「汝以諸先生爲不可學耶？凡爲人之道，皆當如此矣。」舜光喜，乃請執贄，遂更從學於諸先生，屢聞教益，學遂自此進。予諸弟中有陸生熙先者，好學而强毅，予愛之，舜光遂訂交焉，慨末俗之陋，相約爲古人之學，心志孚契，過於昆弟。今年春，同遊州庠。予曰：「尊賢取友之道，雖未盡乎此，然於舜光亦可以見一端焉。」夫諸先生之端方而嚴肅也，幼學之士方且望而畏之，蹙然若將困焉，而舜光就之，惟恐不及。强毅有學行之友，忮心者或畏形己短，而舜光親之，惟恐其後。旬日不見師友，則發憤憂念，形於寢食，此豈其性然歟？虙子之成德，吾不敢知，世之所謂驕、惰、浮三癖者，或庶幾其去焉。然吾願舜光之更進之也。向之所尊所取，止幼學見聞之所及耳，今遊庠序，稱成人矣，通邑之中爲先生長者之可師者何人？學校之中其亦有强毅有學行者歟？是皆汝今日之所當尊而取也。不特通邑，再遊而見聞及於南國，三遊而見聞及於天下，其可爲我之所尊而取者何限？所要者，去當世之陋態，師慮子之成德耳。吾甥勉旃，非直予望之，予姊之與尊人蓋日望之矣。

送王生男偉入學序

富貴，我與世共之者也，所以處富貴者不同，則人之才不才於此見焉。是故君子視富貴之所在而善處之，我能用富貴，而不爲富貴所用。今夫讀書而遊庠，此非所謂富貴也，雖然，處富貴之道亦可於此驗之。古之遊庠序者，謂之育德，諸侯國卿擇子弟之秀美可教、年十五以上者，納之大學，春教之弦，夏教之誦，比年入學，中年考校，七年觀其小成，九年觀其大成，凡其在庠序之中，蓋無之而非教，無時而不教也。今之遊庠序者則不然。子弟生髮未燥，即命學制科文詞，曰將以期富貴也。間歲學使者至，不問德業，試制科文一二道，語稍當意，輒取之，納諸學宮，曰吾富貴若矣。於是士子之得遊庠序者，亦囂囂然以得與富貴爲幸。其上者，益勵筆研，期春秋闈。其中者，授生徒，持門户。下者，則干謁官府，游浪酒色，叫跳恣肆，靡所不爲。凡此皆「富貴」二字誤之也。夫富與貴，聖賢之所不辭，然使處富貴者有一毫髮富貴之念横處胸中，則其人遂終身不可入道，而舜跖之辨，亦於此分。

王生男偉，幼名蕙思，字南美，吾同志友石尹道兄之子也。石尹年長予倍，聞予之談道而樂之，命男偉從予學。凡予與諸同志講學之日，石尹未嘗不率男偉往來相追從，則凡所謂富貴道義之説，男偉宜熟聞之矣。去年乙酉，改革之後，猶不廢童子試，石尹欲已諸，繼以年老衰病，人俗薄惡，勉爲門户計，易蕙思名孝持，改今字，强命之試，曰：「科第吾非所願，聊以持門户也，即售，毋得自喜，亦毋得妄受人一剌。」已而男偉果售，過客有賀之者，石尹愀然如不欲聞。夫讀書志科第，此常事也，上策不願而顧就中策，石尹其有不得已之思乎？丙戌春，男偉將從衆入廟謁聖，思所以告男偉，顧無有易乎富貴道義之説者，乃略舉其概，并申吾石尹之訓以告之。願男偉益懋孝德，勉持門户，讀書進學，以自勖勵，毋纖毫爲富貴之念所動，是乃翁之志，亦即予之志也。若夫上策，則願以俟諸異日。

桴亭先生文集卷五

太倉陸世儀道威著

雜　著

學校議❶

王者居三代之後，而欲致天下於三代之隆，其必由學校乎？學校，治之本也。古先聖王知天下神器，不可以無師之智治也，故雖以堯舜之聖，必有所師，堯師尹壽，舜師務成，至於三代，莫不皆然，《書》所謂「能自得師者王」，《孟子》所謂「學焉而後臣之」也。又以天下大器，不可以一人之治治也，因推己一人求師之意，而以師之道錫類於天下，而學校設焉。學校者，所以教天下之人學爲治天下之道，而因以共佐一人以治天下也。故古者天子之學謂之太學，諸侯謂之國學，而黨塾之間則謂之鄉學。學之名雖異，而所以教之之術則無不同，始之以灑掃應對進退之節，繼之以禮樂射御詩書六藝之文，終之以修己治人化民成俗之道。

❶「議」，康熙本無此字。

其下之所習，即上之所需也；其幼之所學，即壯之所行也。此其道如梓人然，工師之所執，規矩方圓而已矣，規矩方圓之道得，故隆者爲棟，直者爲梁，短者爲節，長者爲柱，俯仰承乘，倚仗支接，無不細入於毫芒，隱入於無間。故道德一，風俗同，而天下咸登於上治。

三代以後則不然，秦壞先王之教者也；漢則不知所謂教，然猶知尊禮儒術，間或得人；至唐以後，則或作詩賦，或試帖括，所取非所用，所用非所取。蓋幾幾乎有難言之者，尚可謂之有人才、有道術乎？然學校之無人才、無道術固也。乃若不必有道術，而姑假以道術之虛名；不必有人才，而姑與以人才之借境，則雖餼羊之設，猶有愛禮之意存焉。千金市駿，千里馬未必不由此而致也。乃今者，上官之裁抑學校，則過甚矣。不特上官得而戮辱之，庶司皆得而困抑之；不特庶司得而困抑之，胥吏、雜役、優倡、廝養，皆得而摧殘相辱鞭笞詬詈之。噫！甚矣。不特不敢望三代之時所以待士之隆，即欲寬徭役，免鞭笞，稍一吐氣揚眉，已不可復得，而乃欲齊治均平之人激昂奮迅，出於其間，其可得乎？且不特此也，齊治均平之人不出乎其間，則必有寡廉鮮恥、詭譎無行之徒，側足優倡，脅肩胥吏，以取媚上官，蠶食鄉里者。

嗟乎！今之仕者，雖不重學校，然筮仕之途猶或從此而出也。而士風至於如此，則安望有一道德、同風俗，與天下共登上理之日乎？宜執事之反復千言，諄諄以士行士風士習爲慮，而又汲汲以餼廩徭役恤産爲言也。夫上之所以待士者重，則士之所以自待者始不輕。三代之君非好爲卑己而尊人也，必有臯、夔、稷、契之臣，而後乃有堯、舜、禹之君也。誠能慨然取學校而興復之，師儒之官必慎選耆德，以禮聘致，勿濫授庸惡，以端其本。造就之方，必務遵實學，仁義漸摩，勿徒尚虛文，以正其習。選舉之方，必兼取言行，質諸鄉里，勿祇憑糊名易書，以慎其始進。寧隘其額，勿既名爲士而困之以徭役；寧重其選，勿既列前茅而奪之以廩餼。如此則士氣復，士氣復則士行士習士風日以正，而朝廷庶幾收得人之用矣。不然，是猶工師欲得大木，而先蝕之風雨之下，投之煨燼之中也，爲士者不足惜，其如朝廷何？

救荒平糶議

聞之，治有形之荒易，治無形之荒難；治已然之荒易，治未然之荒難。水旱兇災，雜然告急，此有形之荒也；風雨無愆，人不聊生，此無形之荒也。災眚已見，分數可稽，議賑議蠲，民有定志，此已然之荒也；目前無恙，已自難支，秋成在天，尚未可必，此未然之荒也。夫有形之荒與已然之荒，其勢易揣，無形之荒與未然之荒，其變難知。此當局者之所痛心，而有識者之所深憂也。

往者戊寅，吴下旱蝗爲災，禾穀罄盡，勢殊岌岌，然當時米價每升不過二十文。至如今歲，則春熟頗佳，災荒無狀，似可爲無患也，而穀價湧貴，人心惶惑，每升不下四十文，蓋視大災之年而更倍之，此必有所以致之者。夫歲之患災，猶人之患病。蓄積有素，而偶被災祲，譬之强實之人，微傷外感，不足慮也。農政不修，倉廩空乏，無荒之名，有荒之實，斯如久尪羸之人，元氣衰弱，非探其本根而漸扶之，未可卒療。故愚以爲，今之粟貴，非今歲使然，蓋積漸使然也。其故有三：一曰水利不講，一曰儲積無實，一曰加派日重。水利，農政之本也，善修水利，故高田有蓄，低田有洩，無土不稼，而後粟米賤。今則水利盡壞，高低兩病，不能樹稼，轉而樹棉，樹棉不已，復種煙草，生生之源大窒矣。此一病也。若夫儲積，則國初預備之制，擬於古之常平；嘉靖社倉之法，合於古之義倉。今日朝廷尤殷殷留意，而奉行無實，考核不嚴，罰金賑穀，非飽貪吏之腹，則應上官之求，極重難返，可哀可痛。至於事急，而欲强發富室之藏，夫有國者不能忘身以殉國，又烏能令有家者忘己以爲民也？此又一病也。至於加派，則以中原多事之故。夫朝廷非不知東南賦役之重，而故爲是不情之加，彼其心誠深痛之，而可痛又有甚於東南者，故不得已而議加。然議加終非計也，日者東南無事，故可暫應法外之求，然賦一議加，而田疇日以壞，盜賊日以滋矣。萬一天時人事小有不偶，則此東南者又將轉而廑朝廷之憂，甚可慮也。此又一病也。

爲今日東南計者，當深究其受病之處，而亟反之。大修水利以闢其源，廣議儲蓄以厚其積，請於朝廷以寬目睫之憂，則沈疴或可漸起。然而時斷斷有未能，勢斷斷有未及者。水利，三年以内事也，儲蓄雖稍易，必俟秋稼成熟，至於減賦寬徭，恐未抒閭閈之憂，轉觸當道之怒耳。今者民實待哺旦夕，而必曰行此三策，是猶決西江之水而活鮒，多見其不知量也。夫病有標有本，治病之法有緩有急，今日者急而治標之日也。治標之法莫善於不費，莫善於不勞，莫善於執轉移之微權，而使天下物價自平而不怨，趨事赴功而不知，鼓舞樂善而不倦。其法維何？不過虛聲、實備二者而已。當今細民雖荒，然米粟非遂絶也，富賈富儈之囤積，縉紳大户之蓄聚，出其所有，猶可支三歲。特其人志在牟利，不大貴則不出，甚至有寧飽賊盜，不惠饑民者。急而繩之，則閉藏益固，百姓益窘迫。古人有言，減價不如增價，正謂此耳。爲今計，宜悉訪富儈富賈諸囤困積米處，各給以示，示曰：「穀價騰湧，民庶艱食，聞爾富有積粟，幸勿全放，各量留數囤以備官糴，官糴之價不過比市價稍減，必勿虧爾原值。如給示之後，穀價漸平，前所留穀聽爾放散，不必存置。」夫儈賈之積粟以牟利也，人苦不知足，價日貴則望日益奢，藏日益固，今聞官糴，則惟恐虧原值，不得不出諸市。惟出諸市，而我之仁術乃大售矣。千石在市，米價自平，米價平，而積粟牟利者益不得不出米，不得不出而價益不得不平，勢如轉圜石於千仞之巔，蓋不知其然而然矣。豈惟儈賈，即縉紳大户可以緩於放糴者，亦以恐失厚利而争先以出。是不費一錢，不煩一吏，而能使三吴蓄聚之衆，陰減其價而不自覺也。即不然，而縉紳大户者終不可出，則又有法於此。稍聚官銀，遣官吏有才幹者，往他省穀賤處收糴，兼以利説彼處商賈，使之聯舟而下。而又徧刊榜文，各處曉示，不妨誇大其辭，諭以商賈不日雲集，米價不日自平之意，則凡四方之閉粟牟利者，雖甚狡獪，又烏能不出乎？二説果行，將不勞餘力，而米價已可常平至秋矣。所謂虚聲以救之者，此也。

萬一積粟鮮少，指揮不靈，他省粟貴，轉移無術，則不得不爲實備之計矣。實備之計不能不費，要使之無浪費而已。昔范文正領浙西，值歲饑，乃大興工作，日役千夫，發有餘之財以惠貧，爲術甚備。夫今之饑民非盡老弱也，諸郡工作非盡鼎新也，宜於此時按訪的確，某處城當修，某處池當鑿，某處聖殿公宇當修葺，某處河道當挑濬。各郡官吏盡心設處，動支無礙錢糧及贓罰等項，計工興役。工價寧寬無隘，使饑民有得食之樂，而公家獲子來之慶，是一舉而兩利者也。其或年歲艱阻，饑民日衆，公家之力不足以給之，則不得不藉力於私家。而藉力私家者，往往以勸發官糴爲良策。夫官糴固善，然所貴乎官糴者，非以其能減一二錢之利，爲足以惠民也。蓄積饒多，賑發不匱，官米出則私米失價，民無如官何，故價不得不減。今之倉廩空竭，夫人而知之矣，即勉强勸諭縉紳大户，縉紳大户亦勉强應命，而爲米不多，勢不能久，其涸可立而待。

奸商知之，其於官糶也，則閉户不售，不過十日半月，官米盡而私米益貴，是欲抑而反昂之也，官亦無如民何也。且官糶多弊，徒飽吏胥奸民之腹，即守令廉能，張弛得宜，亦利歸中户耳，其於貧乏無依之人，雖轉死溝壑，不能望升斗惠也。是官糶名爲惠政，而實當今一大弊政。欲勸分私家，莫如施粥。施粥之法，蓋專爲窮民無告者設也。官糶行，即中上之户皆欲規利；施粥行，非鰥寡孤獨旦暮不能存活者，必不肯靦顔而啜人之粥。故曰官糶徒虚名，施粥有實惠。然施粥之弊又更多端。吏胥侵耗，奸民蠹蝕，或入石灰，或和冷水，甚有饑民旋食旋斃，不能爲利，反以爲害者。且富室未能樂施，則爲惠不繼；鄉村未能徧設，則爲澤不廣。是莫若隨俗起化，因勢而利導之。吴俗，士民最好佛，施舍不吝。今各處僧徒，甚有談空説法，傾動一方，爲縉紳士夫所敬信者。試諭以施粥救民之意，俾勸諸縉紳大户出粟濟饑，且令轉諭僧徒，令各處興舉施粥道場，鄉城村落無不周徧。其施粥之法，一聽本僧指分，官府不爲監制，待事後擇活人數多者，量行獎賞，當必有不勞而成功者。此又所謂實備以救之也。

然此四策者，行之有緩急，施之有先後。先給囤困之示，以發儈賈之所藏；次行召商之説，以出富室之所有；時勢稍急，則糾工興役，法文正之所爲；至於命僧施粥，非甚危迫，不必輒試也。當事者誠能循此而力行之，亦何憂救荒之無策哉？然救荒，末務也，與其荒而救之，莫若使民之不荒。梁惠移民移粟，即《周禮》大司徒之法，而孟子不取者，謂其非王道之本也。王道之本，生、聚而已矣。修水利，生之之道也；善儲蓄，聚之之道也。生聚既得，上雖有不次之求，亦或可以應之矣。吾願今之執事者，盡心講求，而實有以惠吾東南也。

淘河議

從來黄河水淺，無築壩開挑之法，以千里長流不可壅遏，故黄河有淘淺之夫。三江海口亦無築壩開挑之法，以潮汐攻衝，工煩費鉅，故三江海口亦設淘河之夫。聞之父老，昔年三江通利時，往來航船，皆領淘河夫銀，凡潮汐歸海時，東下航船船尾必繫鐵帚，謂之混江龍，蓋海潮之來，其勢洶湧，多挾泥沙，及其退歸，則勢定而沙積，日積一分，百日則成寸矣，若歲旱，則成尺矣。故於潮落水静之時，用混江龍撓動其沙，隨流入海，不使淀積。日久法弛，其製遂廢，銀亦裁汰，又疊遭旱年，故沙積而河淤。

向年太倉白令開河，仍用挑築法者，以婁江内地已成平陸也，今自浮橋以西，應仍用挑築舊法，浮橋以東直至海口，尚有十里，若用挑築舊法，則有八難。海口闊大，築壩闊長，潮汐攻衝，樁木難下，計費大則千，小亦五六百，儻有潰決，前功盡棄，兼害人夫，一難也。昔人有用船載土，并船鑿沈以爲壩基，或用板障水，然後實土者，不惟工費，且壩基難去，反爲河害，二難也。旁無支港，雖有一二，沙泥久塞，高於河身，全不受水，不能車戽，三難也。蘆葦叢生，根莖交錯，必用鐮鈀開墾，人工十倍於平地，四難也。海口之泥，俱係浮沙，俗名小粉泥，乾則鈀不能入，起不成𠙽，溼則足不能立，筐不能盛。前人開此，皆用木排，接腳吊盤取泥，百倍艱難，故夏原吉謂灎沙淤泥，浮漾動盪，不可開挑，而棄吴淞江不復濬，正以此也。以夏原吉所不能開挑，而强欲開挑之，五難也。農時已迫，曠日持久，將妨春耕，六難也。估費已定，倘有不足，勢難再增，七難也。海禁甚嚴，海口不可久集多人，八難也。即使果開，勢不能大闊，若後遇水潦，尚可望其深闊，儻一值旱乾，則泥沙頓積，不久便塞，欲再開挑，其可必乎？

愚生以爲，今日之河，且就内地開挑，至天妃宫而止，壩基牢築，不可輕開，一則蓄養清水，以爲灌田之資，一則拒絶渾潮，不使侵入爲害。將估計海口挑築之費，收入布政司庫，一俟春夏水漲，即行淘河之法，而淘河又不能用航船鐵帚之舊製。蓋往年江水大深，人力不及，故用船用帚，今河闊不及五丈，深不及七尺，人力可施。昔賢周錫議用長柄釘鈀於潮水泛漲時，乘流急濬，今宜略仿其意，即以土人墾田鐵鈀，用長竹爲柄，委太、嘉兩邑巡檢，僱募本地傍近人夫各千人，擺立河岸，十里之河凡一千八百丈，約每丈可得一人，然後決壩放水，兩岸人夫用鐵鈀乘水勢，齊力推盪淘濬，每日兩次。潮至少歇，潮落施工。遇有蘆根交錯處，則用鐮鈀墾發，頹土入河，俟河面稍闊，人力不及，則用剥船木排碇中流淘濬。再闊，則加船加工，仿黄河淘淺法，横列陣，濬約闊二三十丈而止，人乘水勢，水藉人力，可以不煩築壩，不費開挑，十里之河，自然深廣。此至便法也。此法若行，凡遇水發，則上臺符牒一到，州縣官可以竟集民夫，即日鈀浚，不煩壩戽，爲日後無窮之利，省日後無窮之費，爲益非小。但有一難，則淘河之費與工也。婁江一河，關係六郡，近日兩番開挑，因地近太、嘉，崑，偏累三邑，似爲不均，以後淘河若仍踵前例，則難行矣。在昔吴越及南宋時，皆設開江兵士、撩清指揮，專董水利，故河道開通。今吴淞劉河，皆有官兵，設有月餉，何不於六郡中少加淘河賞銀，存貯司庫，每年春夏水漲，州縣申請，即應給發兵夫，依法淘浚，而傍海農田，則令淘浚支河，今支河之沙入大川，大川之沙入海，永爲定則，此萬世之利也。

姑蘇錢糧三大困四大弊私言❶代友人上當事

江南土田，《禹貢》所紀，「厥土塗泥，厥田下下」而已，自宋南渡而始號殷繁，至於明朝，江南田賦當天下之半，姑蘇又獨當江南之半，而姑蘇遂爲國家之外府。沿至今日，賦日益重，地日益貧，民日益困。蓋天運有盈虧，地道有升降，人事有得失也。物窮則變，變則通，通則久。有心於斯世斯民者，亦當知所以變通之道乎！鯫生生長東吴，身當其厄，静觀致弊之道，因細思所以救弊之方，條爲七則，亦事急呼天，疾痛則呼父母之意云爾。有能移世道之權者，其幸賜覽而留意焉。

一、浮糧積害之困。

按江南田糧，古昔遠者不具論，查《宋史》，太祖初年，均定江南賦額，只作中、下兩等：中田一畝，夏税錢四文，秋米八升；下田錢三文，米七升四合。元延祐四年，詳定蘇州賦額，夏税外秋糧八十八萬。據葉文莊盛《水東日記》諸書，則又云元時止三十六萬，張士誠據吴時加至百萬，明太祖攻吴，憤吴城久不下，命有司加税，悉依當時豪族租簿徵收，遂加至二百七十餘萬。宣德中，因逋糧日積，巡撫周忱奏減七十餘萬，尚徵二百三萬餘，較之《水東日記》，蘇賦比元已增八倍，較之《元史》亦增三倍矣。然使蘇之土田果饒於他郡，則賦額雖多，猶之可也。乃今常、鎮與蘇接壤，常之賦額，上田不過一斗二三升，鎮額尤輕，而蘇之上田額至

❶「三」上，康熙本有「難清」二字。

三斗，是三倍也。又查他郡，淮安一府，官民田十萬一千餘頃，與蘇相埒，而秋糧不過十六萬六千餘石，是每畝止徵一升五合，而蘇賦乃二十倍於淮也。又諺云：「湖廣熟，天下足。」乃查湖廣通省，米、豆、芝麻共二百三萬六千之數，而蘇州一府乃與之埒，是一州七縣之地，當楚十五府十九州一百十縣之糧也。再查各處土田所入，則上田豐歲皆不過一石，以下相去並未懸絶，然則蘇州之賦額獨重於他省他郡，是豈天下之平哉？大清御宇，無一事不欲痛革明朝陋習，獨蘇郡田糧猶仍明代之舊，此萬姓之所日夜憂思，欲言而不敢遽言者也。今皇上元年，有「查洪武仇怨，加派浮糧，工部詳察具奏」之旨，江西南昌袁瑞得邀寬緩一年，又減三年。新旨「因各處錢糧催徵不得，十五年以前得邀大赦」，足見皇恩之浩蕩。然寬恤之恩旨則普天下所同邀，而積重之浮糧則蘇州所獨困也。於此而不爲之所，則蘇州錢糧空有徵比之名，終無全完之日。倘欲竭澤而漁，必至靡有孑遺矣。《論語》云：「百姓不足，君孰與足？」此豈朝廷之利哉？救弊之道，朝廷宜下之部院大臣，部院大臣宜下之督撫。或於一省之中，或就天下之大，通盤打算，斟酌損益，使上不失朝廷之額賦，下可救一方之積困。若姑蘇郡縣得減一分之浮糧，即是計部得核一分之實賦也，朝廷數千年之命脈，由兹以培，豈僅僅蘇州旦夕之利哉？兹事鰥生不敢望，而又不得不一言，則尚有望於當事者惻然動念也。

一、水利壅塞之困。

三吴之所以稱沃壤者，以有水利故也。《禹貢》之初，「厥土塗泥，厥田下下」而已，自三江入而震澤定，而吴之土田於是始蓄洩有賴。三江者，東江、中江、婁江也。維時利濟者凡六郡，今但以蘇州一郡而言，則蘇州之水自九陽、天目諸山而來，荆溪百瀆灌注太湖，由三江以入海，而海潮漬薄，亦自三江而直接太湖，潦則藉三江以洩湖水，旱則藉三江以納海潮，氣盛而通，故地饒而美。自氣運不常，陵谷有變，東江、中江漸成湮塞，止存婁江一綫，而婁江自前朝崇禎之末，忽爲平陸，江之與湖，竟成否隔，雖黄浦一水尚自通流，然黄浦所洩者松江之水。蘇州一境每遇天雨，則四境之水皆逆流倒注，如病蠱之人飲食入腹，而二便不洩。又或一月無雨，則潮汐既絶，無水可引，又如病瘵之人，三焦俱火，津液盡枯，三十年來，竟無樂歲。在昔宋元明盛時，江水大通，然猶代遣專官，興修水利，或設開江兵士，或設撩清指揮。乃明末廢革水利一官，本朝因之，遂置水利於不講。迄順治十三年間，太倉知州白登明因民之利，不煩官帑，設法開江。功已垂成，因海盜披猖，慮有突犯，濱海數里尚未開通，江海仍前隔絶，雖已經開，而與未開等。更兼邇來三四年，天災流行，大水大旱，異常荒歉，民之得存皮骨者鮮矣。救弊之道，宜乘海氛已息，敕廉能官員，將婁江未開一段，設法開通，使江與海接，則土田之蓄洩有賴，將來或可仍成樂土。然大功之興，有利必有害，苟非白知州其人，則騷擾之害有不可勝道者，况今日正當空乏之時，何暇決西江而活涸鮒？述此亦以見邇年致荒之由，不但天時，實因地利耳。

一、豫徵白糧之困。

田畝之壞於浮糧、水利，此因於往年者也。乃若近年之害，則又有可得而陳者，則豫徵其一也。楊炎兩税，古今以爲催科之弊法，然夏税取之於秋，秋糧取之於冬，自宋以後奉以爲法，亦未嘗大爲民厲也。自順治年間，按臣奏准，以爲今年之春徵今年之糧，何名預徵？遂定以正二月爲開徵之期。夫賦從田出者也，農桑絲麥成於夏，故爲夏税；禾稻登於秋，故爲秋糧。今桑麥未長，秧苗未插，而折色已徵，民間何從措辦？大約皆出於那移借貸，即使秋成果熟，已賠一年之息。朝廷徵銀一兩，民間有一兩三四錢之費矣，年復一年，息皆數倍。又況邇年水旱頻仍，連荒四載，民間富者貧，貧者死，借貸俱無從出，田地無從買賣，子衿鞭撻縲絏，民庶溝瀆自經，率此以往，小民之性命不必言，恐竭澤焚林，將來國課亦有不可言者。夫預徵之設本爲大兵四征，國用匱乏，一時權宜之術，可暫而不可久。今海内廓清，正當休養生息，豈可踵行前法，久而不改乎？又有白糧改折一項，順治十一年以前，江南米價頗貴，部議改折一半，每石折銀一兩五錢，一則以蘇民困，一則以裕國儲，計甚善也。十二年以後，部議改折二兩，在部以爲米貴則價增，未爲厲民也，豈知吴中米價，順治三四年騰湧至四兩，八九年間尚糶一兩四五錢，十二三年則止八九錢，今則每年皆五六錢矣。夫米價五六錢，其常也，故萬曆時折價皆係六錢；一二兩，其變也，凶年也。今乃執凶年之變價以爲常例，可乎？且朝廷每常即欲加賦，不過銀釐毫、米勺合而已，今米價五六錢，頓增二兩，是四倍也，民間百畝之家頓增無名之税六七兩，貧民何以應功令乎？況糧既改折，則解費亦應省，乃米雖折而解費仍舊，何所解而何所費也？於名於義亦爲不正矣。救弊之道，朝廷宜令部院大臣，通計國用，務減賦以恤民，量入以爲出，徵收則復夏税秋糧之舊，白糧則或從萬曆時折價，或仍徵收本色，吴民庶幾其有瘳乎！

一、雜徭妨正之弊。

豫徵白糧雖病於民，然民病而有濟於國，雖病亦所甘心。又有病民甚深，不惟無濟於國事，而更有妨於正供，則今日之雜徭是也。在昔賦役之法，自國家惟正之供外，尚有銀差力差，不能不取之於民，然其數初無定則，官吏得以上下其手。明嘉靖中，海剛峰巡撫江南，始奏定一條鞭法，酌定差役重輕，費用多寡，每年約徭里銀若干，即於額徵銀内一併徵足，以外不得分毫加派，然後官吏不敢行其奸。今則均徭銀及糧里塘長諸役而外，更有無數雜項飛差，如煙墩、馬路、浮橋、土城、營房、馬草、馬槽、料刀、食鍋、搽夫、水手、里健、工食、飛金、油硃、沙船、鐵局、造甲、壯丁、修城、護塘、撈淺、鹽觔、朝覲、奏銷、赤歷、紅簿、僱船、上櫃、買官票、流水、守候、截票種種名色，不一而足。民間並不願出，乃强立一名曰「樂輸」，官府並無所費，則忽下一令曰「撮庫」。樂輸者不一而足，撮庫至三四十件，皆以一科十，以十科百，即如所聞，奏銷撮庫一項，每年奏銷不過造册數本，每本數葉，而派徵民間，至每年三千金之多。又如滿洲大人巡海，隨巡不過數十騎，而州縣起夫，乃至數千；供應不過數十金，而各鋪行承值，糜費乃至萬計。巡行已過六月，而撮庫又派二千金。偶一充當，則千金之産立破；稍一倔强，則數口之命畢捐。大約一畝之費，朝廷額徵，連本折不過三錢，而贈耗、雜徭反至三倍，額徵追比猶有限期，贈耗雜徭刻不可緩。贈耗雜徭去而正供之物力盡耗矣。至於正供闕而上司行催，不過督責官吏，官吏不過督責里甲，里甲不過逼人户賣男賣女賣屋賣墳，而田地則決無從賣，田地無從賣，則錢糧必不能完，而或逃或死，田地拋荒，田荒則里甲攤賠，里甲亦窮而逃竄。蓋蘇州田地三百年來，從無荒逃者，至今日而荒逃且過半矣，此皆雜徭之爲害也。朝廷錢糧此時何等急迫，乃有司奉行耗蠹，至於如此，籌國者不當赫然而震怒乎？竊謂今日兹事，朝廷宜急敕督撫，嚴察郡縣，密訪私加私派之官吏蠹惡，立置重典，然後仿海剛峰之一條鞭法，酌定飛差，每畝定出飛差銀幾分幾釐，以外不得分毫加派，犯者許民間首告，則枯骨之肉或可再生，涸轍之魚或可再活。不然，江南未可言也。

一、吏胥侵蝕之弊。

今之弊局，一吏胥之局而已，何以言之？ 蓋從來立法，官以治民，吏以佐官。官必久任，吏則三年一考，聽候轉撥，三考則予出身，而又慎選良家，謂之曰農民，取其樸也。稍一舞文弄法，則重法懲之，故吏胥兢兢不敢爲惡。自明末廢弛，吏緣爲奸，風俗敝壞，相沿至今，日甚一日。邇年以來，更因錢糧緊急，有新官到任未幾月而去者，有舊任錢糧在六七年以前而新官代賠，輒被參罰者。若經承吏書，則神出鬼没，左支右吾，恣意侵欺那撮，毫無畏忌。上之督責重，則委罪於官，而已不與。上之督責輕，則卸擔於民，民與賠補，而吏又揚揚得意矣。況近制，紳衿欠糧毫釐者，革去前程，終身不齒，乃胥吏之侵欺在官錢糧者，一赦之後，毫不追究。天下知朝廷之權盡在胥吏，故奸猾無恥之徒，揭借營伍重債，謀爲胥吏，以圖侵蝕。上自藩臬，下至州縣，互相交結，互相黨援。地方官之到任者，亦知己之一身朝夕不保，而吏胥之可以託身家寄性命者，於是不得不委身任之，事事請教，其猾者且與之爲市，今日行某法可以取若干財，今日作某事可以得若干利，而一切欺君罔上、蠹國賊民之事，無不爲矣。如此景象，而僅僅令督撫申飭，刑官拏訪，欲以掃除奸惡，此正所謂一杯水救一車薪之火耳，庸有濟乎？ 故愚以爲，今日之事非改絃更張，大復古法，斷斷不可。是有二法，一曰清其源。吏員一途，今日官府之所與共民社者也，凡錢糧出入，盡經其手，且許正印出身，豈可奸惡蠹棍得以夤緣充賣？ 宜令各府州縣申報無過犯良民並不曾爲吏者，四鄰結過，送撫院考取，給以劄付，轉撥各府州縣。凡經制之外，無劄付者，不得私有幫充及私買私賣、頂首入席等類，仍隔府調用，不得竟用本府之人，三年一考，有過輒斥，無過者再調别府，則弊竇不熟，庶無父子祖孫盤踞衙門，食人膏血而作奸犯科者矣。一曰節其流。吏胥之敢於侵蝕錢糧，以終無死法故也。侵蝕錢糧，不過問贓問罪而已，問官恐其死則無從追贓也，不敢極力用刑。吏自知必無死法，故寧受刑罰，終不完欠，甚至有誣扳善良，因以爲利者，姑遲五六年，而國赦又下矣。此奸頑之所以終不能懲，而錢糧之所以終不能清也。每見上司緊急來文，必云官參吏斬，今參官而不殺吏，吏亦何所畏憚而不爲侵欺乎？愚以爲，自今以往，吏出入衙門，先令具保結二狀，吏則結得本房書手必無侵欺作弊，書手則結得本房吏必無侵欺作弊。倘有侵欺作弊者，本人竟斬，結狀内人等公同代賠。如此，則在官錢糧庶無侵蝕之患，而朝廷之正供或可無缺矣。

一、棍儒朋侵之弊。

吏胥之侵欺作弊，其常也，然使地方有賢士大夫者相與主持公論，則吏胥必有所畏。即不然，閉户不與交接，吏胥雖作弊，猶有顧忌也。乃吴中自歲參之後，士大夫爲吏胥玩弄股掌，賢者屏息不敢出。其奸貪而無恥者，知當今世界惟有吏胥可以做事，遂委身下交，反與作緣，或拜爲盟弟兄，或與之聯姻戚，杯酒相接，通家往來。吏胥得縉紳，而其勢益尊，縉紳得吏胥，而可以肥己。以云世道風斯下矣，乃更有一種棍儒，平日專走衙門，專結吏胥，專欠錢糧。而以結交吏胥之故，獨不在歲參之列，與吏胥輩結爲死友，呼爲叔伯，出妻獻子，無所不至。每一新官到任，輒於二三百里之外，送禮迎接，胥吏先與通殷勤，道平素，遂與新官爲入幕之賓，凡事互相首尾。地方有一公事，則相聚而謀曰：「此題目可做也。」或於上司處出頭揑者糧動公呈，或於本地方出名揑者糧動公揭，不曰民情樂輸，則曰官府撮庫，費不過數金百金者，忽變而爲千金萬金。吏胥主持於内，群惡鼓動於外，地方官一如傀儡，任其顛倒，頃刻而害民之事成矣。可憐無知里民，有口難言，派一出一，派二出二，血比徵足之後，官吏與棍儒貪縉即日烹分，青天白日，不避耳目，間有小民欲行控告，而棍儒金多膽壯，線索通神，凡各上司衙門吏書之有權者，皆廣行結納，每遇一差承到縣，即辦酒做戲，結拜心腹，首尾做事。以故里民知控訴決不能勝，徒勞無益，飲恨吞聲，任其荼毒。此局不破，將來一片地未知作何底止也。必督撫官留心地方，令真正廉明刑官，不由州縣，不假手下人，親自察訪，得其主名，立置重典，并交通吏書，俱行根究，庶可破此奸局，爲地方窮民留餘財，即爲朝廷正供增額賦。不然，地方之厄運未可量也。

一、四民失業之弊。

朝廷之税糧必不可減者也，蠹弊必不可去者也，田地決不能賣者也，則惟有姑置租税，另於田地外別求一頭路，與朝廷完錢糧，乃自今則民盡失業。即以四民言之，如爲士者，向來無論富貴之家，即閭閈之間，亦必有蒙館，今則富貴之家，零落者多，里閈小民，尤不以讀書爲急務，一二寒儒，升斗不繼，第一失業，則今日之爲士者也。至於農，向來亦藉紡織，今者百貨俱賤，營生無利，間有一種略堪過活者，又被地方無賴棍徒糾合衙門，或報充圩長，或扳牽錢糧，十室九空，非逃則死矣。爲工者，手藝度日，苟且活命，又因近日匠班一事，朝廷缺額不過每縣幾十金，被工房吏書廣出牌票，人人詐害，即單身窮漢，每名必要納銀若干，騷然不能存活矣。若夫商賈，則道路時有兵丁盜賊，已難商販。居積一事，則有田地者近皆窮窘，其無田地而稍有家業者，又被棍徒糾合營伍，一事波及，千金立盡，無力居積，無人營運矣。無論四民，即如醫卜星相僧道人等，此不過覓取微利，偷生度日，而邇年亦爲陰醫僧道一事，爲吏胥詐害殆盡。又如雜色鋪行及薙頭修腳一班閑漢，亦借大兵過往或大人巡海等事，撥派鋪承，拘攝服事，必取其器物，詐其銀錢而後已。然則爲百姓者，不既苦哉？以上窮民，既無生路，則愚者不過爲僧道乞丐，而桀黠者且群入衙門。夫僧道乞丐，坐食田畝之人也，吏書皁快，則又侵蝕錢糧而已，有一不爲國家財賦之蠹者哉？更可笑者，聞太倉近日增一打行，蓋徵比急迫，聊以代杖耳，官杖每日數千，里民不勝其苦，倩人代杖，每板必要二錢，民之窮餓者多賴此以活，遂有奸民從而壟斷，特開行面，四方群趨之，此亦異事也。嗚呼！亦可悲矣。

已上三困四弊，如水利壅塞，此困於地利者也，其餘則困於人事者也。地利人事皆可修救，故敢舉以爲當事者言，若天時，則無可爲力。近日吴中天時連荒四載，於連荒四載中，不惟賠出本年錢糧，又賠出十五年以前數年之舊欠，又受海上盜賊養兵之苦，吴民之僅存者寡矣。即日朝廷有蠲荒之例，而吴中有司慮有參罰，例不肯報荒。又國家定制，徵糧常在一年之前，秋荒蠲減常在一年之後，則民間之出息賠糧，大約一倍者三倍矣。「周餘黎民，靡有孑遺」，古人之詩，豈徒作乎？有心當世者，能除此三困四弊，是即格天之一道也。不然，行得一事二事，亦可以格天之一分二分也，錢糧或庶幾有清楚之日，蒼生或庶幾有更甦之時乎！吴民日引領而望之。

勸施米湯約

凡饑民至饑歲，輒易死。其死也非盡由不得食也，不得食而死者十之六七，其由食而死者十之三四。蓋饑民饑渴久，腸胃日細，驟得食則迸急不能容受，往往腸斷而死。故久饑之人不可食飯，即糜粥亦未可多食。《救荒書》言，久饑之人不可驟與粥，宜傾向桌上，令饑民就吮之，恐傷其腸胃也。蓋饑民易死如此。又荒歲米穀貴，民多食豆粞餅、麩糠、草根諸雜物，澀滯塞腸，久饑者每每致死。覩此景象，心竊痛之。然歲荒粟少，公私交迫，即素封之家，亦自救不暇，終無活之之法。

嘗考方書，惟穀性最養人，人但得穀氣，即累日可以不死。里中父老言北方無稻米，每患病，輒索大米湯飲之，飲則輒愈。大米者，稻米也。因思今素封家，雖無餘力可以活人，然朝饔夕飧，猶自不廢。今願與同志者約，凡朝夕炊粥飯時，幸少增勺米，湯沸必挹取數盞，盛大甕中，多多益善，明晨以湯再炊，量入麥粉少許，使成稀粥，更以水薑三四塊擣碎調和，各就門首施之，或一次，或早晚二次，湯盡爲度，用以少潤饑民腸胃。是有八善：不費，一善也；可久，二善也；不另起鍋作竈，無冒破之費，無董率之勞，三善也；米湯之中少投以麥，僅堪免死，不堪飽餐，則無恥之徒苟能自活者，不思侵奪，四善也；無腸塞之害，五善也；腑臟嘗潤，不至乾枯細小，則雖食豆粞糠諸雜物，亦無害，六善也；饑民畏寒，寒氣入心，無不立斃，有薑汁則辟寒氣，通腸胃，七善也；兼去穢惡，令人不生疾疫，無轉相纏染之患，八善也。有八善而其法又淺而易行，凡有活人之心，宜無不以爲然者，幸勿視爲膜外。

漕 兑 揭 戊戌代江南耆糧

揭爲漕事極壞，懇除中耗之弊，上以利國，下以利民事。竊惟天地生財，止有此數，不在官，則在民。在官則官利，古之所謂「倉廩實，府庫充」也。在民則民利，古之所謂「百姓足，君孰與不足」也。惟至於中耗，則僅飽貪吏奸胥之腹，而民生蹙，民生蹙則國計日貧。

蓋從來漕事之極弊，未有甚於江南者。明季至崇禎之末，漕事稱最病矣，然官軍臨兑，糧長每百石加耗不過三四石耳。其時，民間交米與糧長，每石即有至加二三者，已不勝騷然繁怨矣。迨順治三四年，漕費日增一日，初猶謂其偶然，冀後來或有減少之日，至七八年，竟立隨漕雜費之名。日新月盛，運軍以糧長爲奇貨，奸棍以倉場爲利藪，平日民户之有身家而稱良善者，皆深自逃匿，惟恐爲人魚肉。而積年之奸猾市棍劣衿，無不群起而入倉場，串同各衙門書吏，打合運船官旗，彼此交通，互相呼應，以蠶食糧長。如同一派兑也，米多者宜先派，米少者宜後派，總書則故意派其少者，或後或先，或遲或速，或一石而撥幾軍，使糧長無往不受顛倒之累，則總書從中取利，謂之「撥花」。同一出兑也，糧長與官軍互論使費，此多彼少，尚無定局。糧長中即有奸棍串同官軍，首先出兑，故意多出贈耗，使後來者不得不遵其例，謂之「做樣」。又各上臺承差朦朧，上臺以爲兑事稽遲，非催督不可，承牌持票，以催督爲名，謂之「押兑」，其實與官旗相爲表裏。如去歲某縣官旗得民間耗銀百兩，押兑公然分得二十兩。是三種者皆官旗之羽翼也。以外又有倉夫、本對諸蠹，往來媒孽其間，無非奉承官旗，魚肉糧長者，非親官旗而惡糧長，蓋如此則得利，不如是則不得利，此輩亦以利爲主耳。官旗得此幾項幫手，所以意氣日驕，需索日横。於是有踢斛、淋尖、米樣，以至三笆、三湧、三捧種種惡套，又有開厫畫票著押、伍長酒錢、裝載船錢、倒籮種種名色，以至講兑則相争如戰鬭，通關則繁難如敕書，弊日甚，費日增。又往往假借上臺之威靈以行之，於是各處有司，其賢明者袖手吞聲而莫可如何，其不肖者又因以爲利，此更有口不能言、筆不能書者。即以舊歲漕兑舉其甚者言之，如崑山一縣，正米百石，有加耗銀至六七十兩者。去歲米價，糙者每石六錢七錢，今耗銀至六七十兩，是正米百石，耗贈亦百石也。

其糧長包兑，收民間之糧，則竟至每畝六斗。夫崑山額米，每畝一斗七八升，今至六斗，是常以兩倍餘贈一倍也。聞之官軍運糧，每米百石，例六十餘石到京，則官又有三十餘石之耗，是民間出米三百石，朝廷止收六十石之用也。朝廷歲漕，江南四百萬石，而江南則歲出一千四百萬石，四百萬石未必盡歸朝廷，而一千萬石常供官旗及諸色蠹惡之口腹，其爲痛哭，可勝道耶？是以江南諸縣，無縣不逋錢糧，而江南諸縣官及各上臺，無官不被參罰，究竟於朝廷正供無益，而江南州縣且日就貧瘠，小民逋負不已，勢必逃亡，逃亡不已，且有不可言者，非朝廷之福也。試思若留此項耗費，以爲朝廷惟正之供，則金花白折諸項，何至於逋負？官府何至於參罰？朝廷何至於不足？

是今日朝廷，理財第一大端，治平第一大端，皆在於清漕運一事。而清漕運一事，又不損朝廷一絲一毫，惟在清中間之耗蠹而已。清耗蠹之法維何？無如近日所議民收官兑之法。初亦有言官收民兑者，夫官民之間不可爲市，且收米一項，事甚瑣碎，有修倉、看守、翻颺等勞，蒸折、竊取、鼠雀等費。官不能任勞，勢必責之吏胥，吏胥不能任費，勢必責之糧長。且日久弊生，吏緣爲奸，害更百出。是官收之説，斷斷不可行者。況今日之弊，在兑不在收，何必更張而反生枝葉乎？惟民兑則信不如官兑。使糧長之面不見運官，糧長之名不填衛單，允爲盡善。但其間節目亦有當細講者。如隨漕一項，在明朝不過謂之溼潤米，每百石二三石而止耳，近年因京中交兑，皆係河收，兵丁混擾，苦樂不等，交卸頗難，是以聖旨亦酌有五兩五石之制。究竟有漕之處不能遵行，馴至極弊。然聞去歲交卸，已復倉收之舊，每船止費銀三十兩，是每百石止費銀六兩，又每船兑米三十石，官旗多賞花紅。本源既清，下流之拯救亦易易矣。是在各上臺斟酌事宜，或恪遵聖旨，或再量加，務軍民俱安，兩不相虧，定爲畫一，使各縣遵守，無如向年，雖有奉旨之名，實有倍旨之實。其官旗有争執者，須令親開一路衙門使費果係多少，則其末立見矣。隨漕既定，即行文各縣，照依數目，立櫃徵收，儲足在庫。兑糧之日，照依定議，每船五百石，給隨漕銀多少，或縣官對給運官，或刑廳至水次給散，或運官領米，至郡刑廳領耗，無不可者。但務要糧長與旗軍不相見，則其間争執之弊自息矣。至於派兑，則不可使總書有權。州縣官先將水次、倉廒照依都圖，編成字號，自一號起至幾十幾百號止，不書糧長名字，照常徵收在倉。運船將至水次，上臺即頒鈐印，循環號簿一樣二本，分送各州縣。凡係糧船一到，即照依到岸日期註明在簿，先到者爲一號，次者二號、三號，亦編定號數。更嚴限日期，凡糧船到水次者，幾日之内即要兑滿開行，州縣官悉依限期，急急兑米，先自第一號倉起，不必盡廒皆兑，凡倉中有米百石則先兑，三四十石挨次，以至第二、第三號，週而復始，隨兑隨滿，隨滿隨開。不兑不開者，簿上有名，上臺按册而知，可以令箭提究。如此，則在糧長不至有苦樂不均之憂，在運船無留難勒掯之患，總書不得上下其手，州縣不至開兑稽遲，且又可省各上臺差承押兑之費，至便法也。其若兑米時淋尖踢斛，此因運丁人多勢雜，積漸致然。今法，各州縣請於憲臺，每處頒發領兑牌十面，或二十面，州縣收貯，俟臨兑時，應幾船兑米，州縣官即發領兑牌幾面，交與運官。凡應兑者，許執此牌，然後進倉，其無牌者不得混入，混入者以違憲申文定罪，自無以前諸弊。又通關一事，既非糧長運官當面，即不必用通關。然糧米交兑之數，亦不可無憑，則即於兑糧本日，交兑既畢，運官即同印官於憲臺所頒循環簿上註明某日某號兑米幾百石足，各書花押，各用印記，十日一繳上臺，循環往來，以便稽核。如此則只一循環簿領兑牌，上臺可以安坐堂皇，而以前諸弊一概自絕。諸弊絕，則蠹惡無可營生，而奸宄息心。奸宄息心則良民安業，良民安業則浮費省而正供足，正供足則官無參罰，而國計日以裕，國用日以舒矣。隨漕一事，豈非理財第一事，治平第一事乎？此籌國者不待再計決也。謹揭。

除蝗論❶

蝗之爲災，其害甚大，然所至之處，有食有不食，雖田在一處，而截然若有界限，是蓋有神焉主之，非漫然而爲災也。然所謂神者，非蝗之自爲神也，又非有神焉爲蝗之長，而率之來，率之往，或食或不食也。蝗之爲物，蟲焉耳，其種類多，其滋生速，其所過赤地而無餘，則其爲氣盛，而其關係民生之利害也深，地方之災祥也大，是故所至之處，必有神焉主之。是神也，非外來之神，即本處之山川、城隍、里社、厲壇之鬼神也。神奉上帝之命以守此土，則一方之吉凶豐歉，神必主之，故夫蝗之去，蝗之來，蝗之食與不食，神皆有責焉。此方之民而爲孝弟、慈良、敦樸、節檢，不應受氣數之厄，則神必佑之，而蝗不爲災。此方之民而爲不孝、不弟、不慈、不良、不敦樸節檢，應受氣數之厄，則神必不佑，而蝗以肆害。抑或風俗有不齊，善惡有不類，氣數有不一，則神必分别而勸懲之，而蝗於是有或至或不至，或食或不食之分，是蓋冥冥之中皆有一前定之理焉，不可以苟免也。

❶ 「論」，康熙本作「記」。

雖然，人之於人，尚許其改過而自新，乃天之於人，其仁愛何如者？寧視其災害戕食，而不許其改過自新乎？故世俗遇蝗，而爲祈禳拜禱，陳牲牢，設酒醴，此亦改過自新之一道也。顧改過自新之道，有實有文，而又有曲體鬼神之情，殄滅祛除之法。何謂實？反身修德，遷善改過是也。何謂文？陳牲牢，設酒醴是也。何謂曲體鬼神之情、殄滅祛除之法？蓋鬼神之於民，其愛護之意雖深且切，乃鬼神不能自爲祛除殄滅，必假手於人焉，所謂「天視自我民視，天聽自我民聽」也，故古之捕蝗，有呼噪鳴金鼓、揭竿爲旗以驅逐之者，有設坑焚火、捲掃瘞埋以殄除之者，皆所謂曲體鬼神之情也。今人之於蝗，俱畏懼束手，設祭演劇，而不知反身修德，祛除殄滅之道，是謂得其一而未得其二。故愚以爲今之欲除蝗害者，凡官民士大夫，皆當齋祓洗心，各於其所應禱之神，潔粢盛，豐牢醴，精虔告祝，務期改過遷善，以實心實意祈神佑，而仿古捕蝗之法，於各鄉有蝗處所祀神於壇，壇旁設坎，坎設燎火，火不厭盛，坎不厭多，令老壯婦孺，操響器，揚旗旛，噪呼驅撲，蝗有赴火及聚坎旁者，是神之靈之所拘也，所謂「田祖有神，秉畀炎火」者也，則捲掃而瘞埋之。處處如此，即不能盡除，亦可漸滅。苟或不然，束手坐待，姑望其轉而之他，是謂不仁；畏蝗如虎，不敢驅撲，是謂無勇；日生月息，不惟養禍於目前，而且貽禍於來歲，是謂不智。當此三空四盡之時，蓄積毫無，稅糧不免，吾不知其何所底止也。

蝗最易滋息，二十日即生，生即交，交則復生，秋冬遺種於地，不值雪則明年復起，故爲害最烈。小民無知，驚爲神鬼，不敢撲滅，故即以神道曉之，雖曰權道，實至理也。自識

鎮江一郡，凡蝗所過處，悉生小蝗，即《春秋》所謂「蝝」也，凡禾稻經其緣嚙，雖秀出者亦壞，然尚未解

飛，鴨能食之。鴨群數百入稻畦中，蝝頃刻盡，亦江南捕蝝一法也。又記

是年冬，大雪深尺，民間皆舉手相慶，至次年蝗復生，蓋巖石之下有覆藏而雪所不及者，不能殺也。四月中，霪雨浹旬，蝗遂爛盡，以此知久雨亦能殺蝗也。又記

桴亭先生文集卷六

太倉陸世儀道威著

雜　著

青浦魏令君德化記

戊申二月望前一日，客有從浦上來者，述青浦令君德化事，予聞之，不覺泣下。嗟乎！生民之膏血，下盡於催科，而死於桁楊桎梏者，十六七矣。顧猶有神君焉，上不病國、下不病民如青浦者乎？抑不病國、不病民，以德爲政者，未之前聞，而況以德化者乎？因濡筆紀之。

令君姓魏氏，閩人，其起家未悉，或云以明經授官者也。始至三日，皁隸以大杖請號，君睨視曰：「焉用此？吾以德化民耳。」皁隸失聲，退，掩口曰：「何來此傻物？」已而吏請徵期，君曰：「吾自有法。」乃數作十分，分作三限，月徵一分，限完三之一，絕火耗，無分毫羨。民喜，皆如期麕至，其及限者，皆勞之以酒，有不及限者，君顰蹙謂之曰：「汝當笞矣，笞則當以錢。予杖汝，其速以杖費完額税。」民踴躍泣拜。自此，徵税無不如期足額者。十二月徵秋糧，不爲限，民舟車至者絡繹。輸米訖，則詣堂皇看令君，至不能容，案桌爲傾動。旁一人忽失聲笑，君呼欲責之，民自請責，因曰：「去歲以二十三石米，僅交十石，今竟得原數，不損勺合，喜極故失笑耳。」君貰之。糧既足，命糧長皆歸耕，乃以十銀自隨，呼運卒，謂曰：「奉朝廷旨，糧與五米十銀具在是，不奉詔者，惟汝所爲。」運卒相顧，莫敢難。大吏有哂其爲書生，謂不克卒事者，而君本年之課，輒以最稱，終催科，未嘗用杖，卒如其言。

或曰：「是特欲於催科中行撫字耳，若兩造，則寧有刑措不用者？」而君於訟獄亦然。每兩造具，則温言諭之，如家人。即有曲直，嚴諭之，仍曲爲調解，令兩造皆心服乃已，未嘗擬罪，亦終不加撻罰。邑素好訟，搆訐無虚日，畏縣庭費重，多就兩衙決之。自君之來，民相率感動，曰：「何事煩吾君？」訟良已。即有争者訴堂上，片言立決，無分文費，兩衙之庭蕭然也。有城守某者，感君德，亦束其下不一與民事。

一日，輿從出會客，坐談稍久，别至門外，輿從皆散去，惟一小吏侍，人謂君平昔不怒，如此事且當用杖。君曰：「若輩向恃官府，多得錢，故遭撻亦無怨。今從我清苦，無以養妻子，若更撻之，爲不仁矣，若輩即不來，我徒步往耳。」遂徒步。行不數武，而輿從至，亦不加誚責。旁觀者無不驚詫，以爲漢吏以來所未有。

獨舊逋尚未舉，臺牒速之。君曰：「民力已竭，可奈何？」大吏急將自臨比。君泣，請曰：「民一受責，錢皆歸隸卒，公税益不可問矣。」大吏悟，乃稍緩。

時海上軍有促餉者，未即應，弁以遲誤受綑責，以門扇自舁，卧堂上。君出署，與同宿，撫其瘡而泣曰：「吾累汝，吾累汝。然百姓實貧，奈何？」乃入署，脱夫人簪珥，悉索署中物，詣質庫，質庫如所請，持銀詣堂，兼歸所質簪珥，曰：「民何敢典公物？」君怒，曰：「若是，則我誑汝耶。汝不取物，我不取銀。」民乃持簪珥歸，君以銀授弁，弁亦感德，不敢取一錢去。顧舊逋終無所著，蓋此項多屬已徵，爲官吏所蠹耗，問之民，則爲重徵，責之官吏，則不能應。或謂君曰：「是且當設法。」君曰：「何法可設？樂輸公助，此欺天罔人耳，吾死不爲也。吾惟一去，以謝朝廷，謝百姓耳。」

百姓聞君且去，如失父母，號泣聚謀，舉國奔走者累日，乃畫策。青浦之俗，工織布，棉三斤，織布一疋，利率三倍。乃議富室均出棉，棉四斤，三爲布資，一爲織作費。合青浦織户不下五十餘萬家，家織布一疋，既成而售之，價可數萬，以其三之一償富室貲本，而以其贏之二爲官償舊逋，民不費貲，而但費力。議既定，君曰：「是或可稍累吾民耳。」民於是合力爲經營，無敢或後。

君在邑，止飲勺水，幾不能舉火。民無所用其力，詗知某月某日爲令君生辰，乃合邑之數十萬人躋公堂，爲令君稱壽。知令君不取錢，皆齎食物，凡黄童白叟樵夫牧豎，咸負斗粟，持疋布，或柴一束，菜數莖，喧闐公庭，如是者累日。公固不取，民皆負至公堂，委之去。或曰：「公將籍其可用者，爲民補舊逋云。」

予之所聞於客者如此。友人曰：「此可以風世。」嗚呼！此真可以風世矣。爲惡者未必蒙福，爲善者未必得禍，此真可以風世矣！

婁東形勝古蹟圖記

昔周公作《周禮》，命職方氏掌天下之地圖，以知地域廣輪之數。蓋善治天下者，必使天下之全勢瞭然在目，然後推而行之，神而化之，可以使一民一物，無不各阜其生而適其性，其於治一國也亦然。李德裕之鎮吐蕃也，作籌邊樓，圖地形於中，與諸將士朝夕指畫謀議，卒得治邊要領。程明道之令晉城也，一人爲盜，即知爲某村某人，蓋講之者精，而察之者素也。

晚近以來，治不師古，官如傳舍，有司視所居之位若非其有，身不下堂皇，目不周四境，一方之疾痛痾癢，無關於心。故或偶值誕節，有所餽賀，則惟遠購珍異，重輦金玉。其上者亦不過作爲詩文，稱頌功德，玉軸錦章，輝映左右而已，其於國計民瘼，則兩不及念也。惟吾州侯白公，以無欲之心行無倦之治，動必愛民，事必法古。丙申十月，爲公嶽降之期，州之賢士大夫與四方之賢士大夫，俱謀所以爲公壽者。公聞而止之，曰：「某不德，不足以重煩諸君子。無已，則予固向有全邑地圖之願，其爲我考索繪畫，俾日置左右，以贊予治。」諸賢士大夫皆曰：「諾。」乃博稽傳誌，廣詢父老，爲太倉州邑全境圖，列之於屏，經營凡旬有幾日。蓋州之形勝險易無不載也，田疇之高下，水道之通塞，無不紀也，以及名人雅流之園林祠宇，忠臣孝子之室廬墳墓，無不周書而廣録也。圖成，因捧觴以進公。公閱圖而喜，曰：「吾今而後益知所以治婁邑矣。吾東按圖，滄海之濱，固圉之術存焉；西望玉峰，太湖諸水之所自來也；南指婁江，何以使劉夏之功再見於今日；北顧七浦，則尾閭一綫未可再塞也。其若忠臣孝子之室廬墳墓，何以表而葺之，名人雅流之園林祠宇，何以憑而弔之，諸君子之所以贊吾治者至矣。」將復觴於諸士大夫，諸士大夫復進而前曰：「屏之繪，公之命也，雖然，今日之事願有以壽公也。夫太倉之境，南至於嘐，北至虞邑，東漸於海，西及於鹿城，廣袤凡百餘里，其間山川之流峙，草木之繁衍，人物之衆盛，此圖之所得而繪也。士女之謳吟，父老之歎息，田夫野叟之播揚而稱説，此圖之所不得而繪也。某等願以圖之所繪者贊公之治，以圖之所不得而繪者頌公之壽，其可乎？」公說，於是諸士大夫皆起，酌酒以爲公壽，而乘桴之野人，亦得以布衣隨諸士大夫之後也，因援筆而爲之記。

太倉州侯大城劉公申講鄉約碑文代

吾婁爲濱海之國，土厚而水深，地宜木棉，饒魚蛤萑葦之利。其民俗淳樸，篤親親，重犯法，凡供輸貢賦及期會徵發，皆率先莫敢後，守兹土者號稱易治。自兵興後，稍困徵輸，俗以彫敝。新朝起而拯之，賦役之額以萬曆初爲準，民稍稍有起色矣。己亥之役，海氛忽動，因而設防措餉，婁遂爲邊地，瀕海設厲禁，魚鹽萑葦，民不敢措手足。歲復不稔，調兵急餉之符又朝夕下，民相顧莫能應，不得已而用追呼，而追呼愈急，則愈不能應也。乃至棄父母妻子不養，甚或拆賣墳墓，攻訐親黨，以辦賦役。其黠者則乘時爲三窟兔，作奸犯科，磨牙吮血。蓋昔年敦親奉法之意，枵然無復有矣。或者見之，以爲婁之民若是其放辟邪侈無不爲也，而豈知其無恒産而無恒心以至此哉？

大城劉公來是邦，庀政事，問風俗，慨然作而歎曰：「民俗之不古，由教之不率也；教之不率，由養之不至也；而養之大者，莫如賦役。」乃更定舊法，繁者簡之，數者疏之，甚者易之，未三月而政聲作，民如始舍之魚，圉圉然慶更生矣。公曰：「未也，螟螣未除，嘉禾不茂。」乃去其害馬者，而階前三尺，凜於春冰，民又洋洋然歌樂土矣。公曰：「未也，夫病之急者，必治其標，及其邪之既去，則務休息而安養之，參芪粱肉以補助之，夫鄉約之教，亦吾民之參芪粱肉也，其可緩乎？」於是舉鄉約之舊而修明焉。每月朔望，鄉城遞舉，公單車就講，惟意所適。進父老子弟，諄諄警訓。有大事，則周諮於賢士大夫，如修樓櫓、除坍荒、濬水道、施醫藥之類，皆節縮工用，如庀家事，噢咻疾苦，如抱痌瘝。一國之人皆感激奮迅，願洗滌肺肝，以報我賢使君。父老至歎息泣下，以爲吾妻數十年前風俗固自如此，不虞今日復見之也，因退而謀立石以紀，乞序言於予。

予惟鄉約之法，即《周官》三物教民飲射讀法之意。吾州前此賢侯如四明錢公、三韓白公，皆舉而行之，民未嘗請立石，今茲之請立石何也？噫嘻，我知之矣。錢公、白公之時，風俗尚厚，如初病之人元氣未散，進以參芪粱肉，彼固不知參芪粱肉之爲功也。今則尫羸一息，旦夕不保，起死者而生之，無異於溝中之瘠，一旦而得大還，宜國人之涕泣歌舞，而欲垂諸石也。不可以不紀，於是乎書。

丹陽二孝子記

丹陽之東南五十里，有地名荆城港，里人王國相者，頗饒於貲，有幹才。同里虞翔，尤驍桀善訟，不相下。始議爲婚姻，既而不果，積不能平，翔遂結里中群不逞，爲十三太保，以劫制國相。國相不爲動，翔益恨，乘國相醉歸，與其黨伏暗中邀之，殺而投諸河。此順治乙未年事也。時國相妻虞氏有二子一女，長洪元，方六歲，次福元，方三歲，女及期而已。孤寡訴於官，不能直。翔視二子如孤雛腐鼠，不爲意。已而，二子年稍長，家貧落，力耕事寡母。知父前仇，期必報，或欲與之婚，曰：「吾有父仇，婚則念家室，誰爲復仇者？」遂俱不娶。

康熙庚戌，洪元年二十一，福元年十八矣，母虞氏病篤，呼二子曰：「汝父爲仇殺，汝兩人所知，吾含痛不死者，欲見汝兩人復仇耳，❶今病且死，大仇未復，雖歸九泉，目不瞑。」二子泣，受命，願捐軀復仇成母志。母曰：「汝苟如此，吾何憂？」撫其女，曰：「此弱妹幸早嫁之。」二子諾，母遂瞑。二子治母喪，合葬畢，即擇配嫁其妹。召工鍛二利斧，懷身旁，曰：「吾以碎仇腦耳。」辛亥二月二十九日，爲其父被殺之辰，二子殺雞祭墓，并禱於神，懷斧以往。時荆城方賽里社，設高臺演劇，男女觀者如堵。翔從樗蒲歸，獨酌臺下，伸足踞坐，旁若無人。二子至，驟斧之，翔驚起大呼，二斧交下，頃刻立斃。旁觀者駭甚，優場皆輟，圍而責之，曰：「若奈何白晝殺人？」二子曰：「若輩無恐，吾爲父報仇耳。仇死，吾兩人即詣官，不汝累。」時里中父老多有知兩家事者，曰：「若真報仇耳！無與地方事。」二子遂詣官，納斧自首。

縣令方公出，聽其事者爲縣尉某。尉初無心，見兄弟争死，且迫公論，謂孝子曰：「若孝子以一抵罪足矣，何必兩？」遂遣其弟攜斧歸。已而，諸太保懼連及，嗾虞氏入縣尉金，必欲并罪福元。尉追福元，鞫屍於場。驗斧，闊狹有二，欲夾福元足。福元曰：「父仇既報，死固初心，無勞訊鞫。」乃并入福元罪。時虞氏惡黨俱懷利錐，欲刺二子，丹陽人咸怒，驛中戍卒聞之曰：「若孝子奈何使被困？」一呼而集，凡數百人，皆拍手譁譟，諸惡黨懼不敢動。城中諸紳士聞之，亦咸敬二子，作詩文，投學博，致縣令。令義之，具文以實情申各臺，祈免死。

獄未具，同里蔣仲初作雜劇，傳其事。予讀之，歎曰：「世之復仇者多矣，然出於十七年之後，又耕農不

❶「仇」下，康熙本有「曰」字。

讀書，且兄弟同志皆不娶，視死如飴，雖古之蘇不韋，何以過焉？抑其母能教二子復父仇，没身不忘，亦賢母矣。」因此爲記。

此與《堯峰文鈔》所紀黄孝子事互異，姓名年月亦不同，此作「王」，《堯峰》作「黄」。虞翔，《堯峰》作「虞庠」。辛亥二月爲康熙十年，《堯峰》作「十一年四月」。殆皆傳聞異辭，未知孰是。葉裕仁識。

陳母王孺人守節紀略

吾婁郭子人一，義烈士也，所居東濱海，讀書守志，足跡不入城。予友張元樸嘗稱歎其撫孤一事，予未之悉。己酉二月，老友吳讓之以一帙見投，屬予作傳，則即人一與其兄斯士所紀節婦之大略也。予謂節婦未亡，未可作傳，亦仍爲《守節紀略》，以俟後來可耳。

節婦之夫兆先，固浙籍，祖父徙婁之劉陽堡，遂家焉，娶郭氏，即人一之姊。兆先性俶儻，不矜細行，諸内兄弟中與人一尤契厚。中年因家難亡命，北走京師，辦事三輔，未幾國變。兆先固多才，善結納，仍以舊資爲通州倅，與觀察陳公自修通籍。今江南藩臺修公亦雅重兆先，稱兄弟焉。修公先到高唐，兆先入其幕，殫心佐政，修公倚之若左右手。時元配郭氏先以亂死，遂於維揚繼娶王氏，即今節婦也。歲甲午，至婁，以王氏倚郭氏昆仲，而復至高唐。修公固豪於酒，兆先每與痛飲，遂得腸疾，歸婁就醫，卧人一園亭中，竟以疾殞。

時王氏甫十七歲，孤雛龍兒僅帀月。未卒前一日，兆先呼人一至榻前，以王氏母子屬之，且授以片詞，曰：「託孤，天下難事，人一獨易，人一固血性男子也。王氏能守則守之，不能則聽，惟留龍兒，存陳氏一脈耳。」問所遺，則囊無一錢，蓋兆先素豪俠，有所得，千金立盡，絶不以生産爲事也。人皆爲人一難之，人一曰：「兆先知我，且人已没，而卻之，不義。」乃竭力爲營殯事。以王氏少，俾母子依孀姊以居，且慮其無朝夕資，爲多方理宿逋，置田二十畝，以給衣食。孤善病，則百計求珍藥以活之。兆先之族有利孤死而并嫁其母者，謀將鬻之。氏藏刃襟帶間，以死自誓，謀遂寢。人一於是始知節婦志，然念終非久常計，乃攜孤兒，持田券，詣州求判牘，歸陳族，陳族避不納。氏所居去人一十里，薪米之費，皆人一朝夕遺之，如是者歲餘。適觀察公有書至，言氏母子宜權歸母家，乃資送還維揚。維揚之俗，素不事女工，而氏之父母又素貧，力不能給二口，稍稍以衣食爲言。氏曰：「無庸，予與郭氏兩孀，俱女紅，勤苦早習之矣。」乃夙夜織紝以自活，然終不能給。無何，江上有警，父母親戚咸謂曰：「揚城旦夕不保，汝年少，將奈何？」孺人泫然泣曰：「大人無慮，但善保孤兒，階前三尺地，是兒死所也。」父母終不謂然，令鄰嫗委曲微諷，氏發怒，引所坐木杌提之，嫗失聲而遁。父母知不可奪，乃聽之。每歲則走一力至婁，取田租。時婁洊饑，所出租不能供賦役，人一必借貸以遺之，曰：「我以成婦志。」如是者數年。或謂人一：「子竭力爲陳氏，數年中陳氏母子且不可保矣。」人一曰：「吾知不負兆先，不知其他。」顧亦竊心念之，以爲維揚風俗，頗不尚名節，一母子豈能力砥頹波耶？歲戊申，乃同陳氏舊僕走維揚，親訪之。至則王氏荆釵布裙，儼然老節婦，龍兒明發，年且十三，鬖鬖露頭角矣。見人一如從天降，不禁悲喜之交集也，拜且泣曰：「君活我母子，微君無以至今日。」又令孤拜，且撫之，曰：「昔年君家昆弟常慮我不克終，今我不足慮矣，奈此子何？」蓋慮其不能成立也。又曰：「兒父淺土在茜，兒父之父母亦在茜，吾母子終當歸茜耳，雖父母恩不忍離，然嫠義在陳矣。」其明大義如此。

人一歸，爲鄉里道其詳，且與其兄斯士同筆而紀之。予既讀二君所記，又參以老友吴讓之朝夕所見聞，不覺作而歎曰：「嗟乎！託孤守節，天下兩難事也。託孤如人一，可謂不負兆先矣。然人一不負兆先，而寡婦或負人一，則不成美譚。今守節如氏，可謂不負人一矣。抑有託孤之人，有守節之母，而其孤或不克自振，則旁觀猶未免爲扼腕，乃聞孤兒能讀書，知母氏勤苦，三善咸備，兹事可謂無遺憾矣。」所可憂者，當此困阨之時，或艱於成立，而又聞觀察陳公、右藩修公時時卵翼之，近且有一二百金之贈，則他年成立之難，又何憂哉？又何憂哉？於此知不特人一爲義士，王孺人爲節婦，明發爲佳兒，而兆先能知人取友，亦非常人也，可以記矣。

書黄孝子尋親紀程後

予讀歸元恭《黄孝子傳》，既爲之跋其後矣。今讀孝子自記《尋親紀程》，蓋不勝喟然有感焉。孝子家庭之庸德，自温清定省、怡聲愉色而外，無餘事矣，然已幾幾乎難之，至不幸而值人倫之變，如曾、閔諸賢，則古今尸祝以爲純孝，其若勢有不能爲，力有不可勉，雖聖賢不以之責人，不强人以所難也。如端木黄孝子之事，其兩親越在異國，其相去萬里，干戈載塗，虎狼塞道，使孝子即不往尋，而終身哭泣思慕，以盡其心志，此亦聖賢之所不能責矣。

抑更有進者，孝子有子尚幼，聞孝子之行也，其内哭而送之曰：「君子尋親固爲孝矣，今子尚幼，倘君不歸，則誰更如君者？」言絶沈痛，而又本於禮義，使孝子念宗祀爲重，欲行中止，又誰復以不孝責之？而孝子終已不顧，毅然就道。今觀其所紀，道路之遠，跋涉之艱，經歷之險，嗚呼，自天地開闢以來，出萬死一生以求二親，而百折不回，卒如其願，孰有如吾孝子者乎？藉令孝子志雖堅，力雖竭，而所期竟不得如其願，此亦無可如何之事，而孝子竟得如其願，於此見天道之報施，雖極紛紜變亂之中，固纖毫其不爽也。

吾妻舊學博文介石先生者，固滇人也，以世變隔絶，不得歸，今十年矣。孝子至滇，知介石先生所居城且屠，而家獨以世積善，得闔門無恙。以此觀之，人患不孝，不患不能出其親於險阨；患不積善，不患不能全身家於亂世。其尚勉之哉！

書淮雲問答後

儀幼不敏，承先君子之訓，頗知好尚。見當世科舉之士，雖誦讀孔孟，而悖戾師説，恣行非義，心即自恥，有不欲苟同之志，顧所遇多厄，無賢師良友相與講明訓正。弱冠以來，漸日放廢，泛濫詩文，旁及玄釋，間從一二豪勇，習擊射兵戰之法，倀倀無之，坐耗日月，不知凡幾矣。自是以後，疊遭事變，操心慮患，匪朝伊夕。每遇譏詬叢生，怨謗交作，輒呼天自明，困窮抑鬱中，往往見己心與天心相通處，既而思之曰：「豈惟我心，凡人心皆與天心通，人苦不自知耳。」因謂孔孟言仁，從來註説甚衆，不如「人心天理」四字明白確當。自是始識得一「仁」字。至丙子，友人虞九江兄以「了凡功過格」相約，儀心甚愛之。已而覺其儒釋混淆，本末顛倒，揆之義理，多有剌謬，乃創爲《格致編》，并約友人聖傳盛兄、言夏陳兄爲隨事精察之學。當此之時，亦第謂讀書行善，儒者之常，初未嘗知人世間有所謂道學一途，而亦不敢謂聖人之可以學而至也。從事一兩月，用力頗鋭，四書傳註，常若有人從耳旁告語者。一日方途行，忽悟「敬天」二字爲聖門心法，胸臆之間，如撤去牆壁，一時驚喜，不知從何而來。明道所云「吟風弄月」，孟子所云「手舞足蹈」，未可以言語相喻也。自是又識得一「敬」字。由此知天下之人無一不可爲聖賢。惜乎有其心而無其法耳。

三月望後，諸兄咸集儀齋，互相講貫。時虞九兄尚兼事釋學，各執己説，相持不下。翌日，儀更作書，論動静之理，言夏賦詩相答，且告諸虞九，力正其謬，虞九亦奮然決去，一時之間，四人相對純如也。四人之中，言夏天資又最高，每與儀横經坐論，並榻卧，語有不合，輒相對質難，及其合也，相悦以解。蓋不知言夏之説出於儀，抑儀之説出於言夏也。儀嘗謂言夏曰：「古人之中契厚知心者有之，未必相從而講道；抑相從講道者有之，往往挾持私説，分立門户，求其虚心從理，舍己不吝如吾兩人，蓋未可多得耳。」言夏亦以爲然，由是相勉不倦。戊寅，又得友人錢兄蕃侯、夏兄玉汝、江兄升士、王兄登善，皆篤志求道，勇於自修。言夏更爲考德、課業二録，以相稽核，稍稍擴充之。每旬日，必相聚論學，雍容竟日。暇則課文習射，風雩詠歸，蓋駸駸乎有鹿洞鵝湖之樂矣。冬，儀遭家大人之變，寢處苫塊，不敢與聞德業。至己卯夏，言夏諸兄有《淮雲問答》之舉，儀以居憂不敢聞命，諸兄相强，勉爾涉筆，荒迷日久，不知所云，顧視諸兄如在天上。秋間，言夏輯而録之，又從而爲之序，曰：「以存始事，用識不忘。」印溪尊素曹兄有志窮理盡性之學，聞而樂甚，今年春，亦與其列。

嗚呼，盛矣！聖人之道，自程朱而後絶續者幾五百載，降至今日，蓋不知仁義爲何物，强而語之，不以爲迂，則以爲怪。而諸兄乃津津好之，又從而擴充之，雖由此而至於開來繼往，亦奚難哉？憶昔幼年之時，先君子教儀書曰：「讀書成聖賢，古人之學；讀書中進士，今人之學。」又曰：「汝今年十六，當思宣聖志學何年，讀聖人書，所學何事。」儀時方少，未甚深領，今日讀諸兄問答，殆真所謂古人之學，聖人之事矣。而先君子又不及見。嗚呼！其可痛也夫！其可痛也夫！庚辰孟春識。

書吴白耳贈言卷

癸巳春二月，如皋吴子白耳過婁譚道，與吾黨諸子共論格致之學。將别，吴子請於諸子曰：「古者朋友相見，必有贈言之禮，今予將歸矣，諸子豈無一兩言爲予終身之勖者？」諸子因各書兩言贈之。予無以爲贈，亦書兩言曰：「工夫依《大學》，道德在《中庸》。」書畢，吴子更請述其大要。予惟吴子之學，程朱之學也。程朱之功在於表章《大學》、《中庸》二書，以爲學者入德之門，以昭聖賢功用之極。今天下之於二書，自天子以及庶人，凡八歲入小學以後，亦靡不誦之肄之講之述之矣。然童而習焉，皓首而莫知其故。無論耽逐華譽，汩没科舉者，徒以二書爲取富貴之資，即古今以來號稱大儒，其於二書之旨，固已貫串靡遺，而往往以好奇喜新之故，另立宗旨，别樹門庭，一理之中，千歧萬派，至於近代，尤爲紛紛不一，執此説者則非彼説，持彼論者則嗤此論。夫聖人之道，如日月之經天，江河之行地，有目者所共覩，有耳者所共聞。陰陽無二氣，人無二性，聖人無二道，則學者必無二學。苟人執一説，家樹一幟，則屢變之後，紛呶愈起，其必至猖狂妄行，肆爲隱怪，使後世之士疾理學如仇，懲噎廢食，未必非諸前輩之過矣。夫《大學》之外，有何宗旨？自古二帝三王以至周公孔子，無不從此中致力，無不從此中入手。而後世之學二帝三王周公孔子者，乃顧欲淩而上之，歧而二之，叛而去之，無怪乎後世之學術愈多，而大道愈晦也。天下陂僻之行，皆起於人心之不明，人心之不明，皆緣於學術之不正。是故學術不正，則隱怪之人作，又不幸而其才足以濟之，一唱百和，鼓簧斯世，由是以及於鄉國，由是以及於朝廷。生於其心，害於其政，發於其政，害於其事。積漸之久，而至於上干天心，下累民和，以致水旱疾疫盜賊兵火，馴致大亂。揆厥所以，豈非率由隱怪之流學術不正以至是哉？夫《中庸》之旨，始於中和，而其究至於天地位，萬物育，則知一人之心術，其所係於天下萬世者，蓋不小矣。既知從事斯道，而不能體格致誠正之功，修齊治平之實，以三達德行五達道，成功於參贊位育，則與夫日讀《大學》、《中庸》而不知其旨，徒以爲取富貴之資者，何以異哉？吴子，能爲程朱之學，能讀程朱之書者也，故因贈言而更爲述其大要如此。

跋滇南文介石先生戊子講義後

此滇南先生戊子之講義也，去此已六年矣，今出以示吾黨，無一字一句不可反之身心，無一字一句不可勖之同志，則知吾黨今日舍「誠、恒、敬」三字，亦何以哉？不但今日，即去此而百年，去此而千萬年，舍「誠、恒、敬」三字，亦何以哉？雖然，言之非難，行之爲難；傳之非難，習之爲難。自戊子去此，曾幾何時？吾黨之能以「誠、恒、敬」自勉者蓋亦少矣。然則自今日而往，倘復如戊子之至今日，豈所望於吾黨哉？願與諸同志共勉之。

跋如臯吴翼庵婁東會語

如臯翼庵吴子，生於安定講學之鄉，湛深於程朱正學，誠所謂豪傑之士也。與予神交十五年，今始來婁，諄諄以講學相勖。在昔南宋之時，講學之風大昌，而識者猶謂必係籍聖賢，然後可以講學。況以儀之藐末，而又當今之時，處今之世哉？雖然，吴子之盛意則不可以不承也。爰告吾黨，續申歲會，而吴子乃欣然不憚告誡，且出《會語》以訓之。儀與同志讀其言，率皆見前實地指點，從此下學，即從此上達，可謂一以貫之矣。夫講學者，所以祈有得於身心也，亦非特一己之身心，將以使天下之人皆有得於身心也。使天下之人而盡如今日，則所謂「一日克復，天下歸仁」者，非即此而在乎？不然，而欲以講學爲名高，吾恐朋從愈多，而真意愈少也。

谿南存稿題辭

予嘗戲與友人言：制科之文，所講者古人之德業，所衍説者古人之言語，世乃謂之時文。詩文策議，所詠歌者目前之光景，所敷陳者目前之時務，世乃謂之古文，何相反也？然世之作制科文者，古人之真意，不知高置何所，窮極妙麗，務爲趨時。作詩文策議者，雖賦詠目前，而往往能發抒其胸襟性情，猶有古人之意。則世之謂制義爲時，詩文策議爲古，或以此也。雖然，即詩文策議而能發抒其胸襟性情，有古人之意者，蓋亦少矣。

吾友簡庵陳子，則真其人也。簡庵自壬辰來婁，才情風雅，輝映一時，願交者户履恒滿，而獨與予及太原昆仲爲莫逆交，蓋彌久而彌篤也。今年冬，去壬辰已六載，陳子忽馳書示予古文詞，并乞爲序。嗟乎！予寂寞之人耳，簡庵以肆應之才，無往不可試其鋒鍔，而獨留連致念於天涯寂寞之友，然則陳子精神之所存，蓋有游乎寂寞之鄉者歟？

《谿南存稿》十一篇，此陳子偶刊以問世者。夫陳子之爲古文詞亦多矣，而其所刻不過數篇，又多悲涼感慨紀述先世之語，即策議亦梓其應制之作，然則陳子之爲陳子可知矣。陳子豈欲以古文見稱於時耶？蓋將使當世之人因陳子之文，而知陳子能發抒其胸襟性情，猶有古人之意，是則陳子也已。

石敬巖傳

石敬巖，予所從受劍槊之師也。崇禎癸酉，平湖沈公萃禎備兵吾婁。時江以北海氛日甚，沈公留心武事，聘東南技勇練兵教士，敬巖應聘而來，同時來者有曹蘭亭、趙英及少林僧洪記、洪信之屬，獨公稱最，自曹以下皆推服。年已七十餘，猶力舉千鈞盤，舞丈八矛，龍跳虎躍，觀者皆辟易。有程某者，徽人，亦善梨花槍，妒公，憤言於衆，欲與公較。公與期日，角技前一夕，程忽遁去。予念時事日非，倘一旦出而用世，則兵革之事所不能也，乃延敬巖而問技焉，三年中頗得其術。

甲戌，流寇躪中都，圍桐城。公所與游壯士趙英從指揮包文達往援，要公與俱，公辭以老，英曰：「我輩平居以公爲膽，公不往，我輩何所恃？」遂强公行。二月十二日，追賊於宿松，賊伏山谷中，空城以誘，我師輕追，賊伏起，斷中堅爲二，文達死之。公與英猶未食，分左右奮擊，自辰至晡，殺賊無算。英馬蹶被執，公大呼往救。槍鋒所及，無不披靡，圍散復合者數。已而槍折馬斃，公揮短刀步戰，猶力殺數十人，至死不仆。初，公與予論馬槊，謂馬上槊猶馬上箭，對鐙抹鞦乃可發槍，若分鬃者全恃馬力，倘敵馬力强，能折人槍，故馬槊以渾鐵爲貴。公之死，卒以圍合敵衆，槍力不及，而賊馬又甚强，皆如其所論云。死之日，皖人異之，招其魂祀之余忠定廟下。吴人陸嘉穎賦詩哭之，買隙地，具衣冠以葬。太史海虞錢公爲之作《石義士哀詞》，并序其事焉。

公常熟人，名電，先世爲元大臣，國初抑之爲貧户，太史謂元時丐户者，誤也。萬曆中，白茆薛四髭以鹽盜爲横於海，海虞令耿公橘陰募力士數人斃之，公其一也。應募之日，耿公畜之署中，自教以擊劍之術，故公之劍實耿公所授。己酉，從都清道陳監軍征兩江黑苗。公被重鎧，先登，揮三尺鐵，入萬衆中，遂破同安諸寨，以功至都匀參將。尤精梨花槍，與河南李先復同師傳，而公技更勝。游少林、伏牛、五臺，皆盡其妙，槍法遂爲江南第一。嘗見其所論萬派歸源者，千人中可獨出獨入。昔唐荆川與俞將軍天被論槍風月樓，所言圈槍特小小手法耳，據以爲學之三年，洵英雄欺人也。游山東，韓晶宇中丞聘之教子。與浙人劉雲峰同學倭刀，盡其技，故公言步戰，惟長刀最勝，當馬斃步鬬時，公仰天歎曰：「使吾得長刀，一賊不足盡耳。」卒以器械不利，以身與敵，悲夫！

毘陵蔡仲全先生小傳

毘陵一郡，以天文律曆皇極性理疑難之學著稱於時者，人皆知有蔡仲全云。仲全諱所性，居毘陵城西山林里，相傳爲晉司徒道明蔡公之後，世以耕讀爲業。少時諸同人皆習制舉業，仲全獨喜觀《綱目》、《性理》及先儒語録。十四五嘗和其先人仰懷公東溪詩，有「若得臨深不愧影，春光風浴可從遊」之句，識者知其後必以儒行稱。十七八見閩中顔茂猷以五經中式，遂奮然欲效之，力通五經，每小試，輒揮數義。然是時制科法弊，遊庠序者非賄賂請託不可得，仲全又力持古道，以爲進身之初，必不可由詭遇，寧受擯，毋捷得。人皆笑之，仲全泰然不爲意焉。申酉間，遂絶意干禄，足跡不入城，一意讀古。家無書，每從人借讀，嘗得二十一史，日讀一本，計四百八十日而徧，略皆上口。凡天文、曆數、律吕、皇極、洪範、壬奇之屬，悉不由師傳，仰而闚，俯而竿，讀而疑，疑而復讀，不能遽通，則擲書於牀，縱步田野間，或立溪流樹影，與樵夫牧子互語，忽一意悟到，倉皇奔歸，索書急讀，則古人之意已豁然矣。

如是者數年，始入城。憲副岳虞巒方註《易》，與語，大奇之，留共參訂，每歎不及。同時有一庵、升書二馬子者，邃於理學，一見相得甚歡，引爲性命交，朝夕切磋。庚子，徒步三百里訪予於婁，婁中諸賢與仲全接席者，無不咋舌稱歎。仲全歸，益以絶學自任，其族人靖公進士聚友數十人從之，講五經同異。仲全南面踞高座，言如河漢，聽者俱屏息，或間有可否，則務取理勝相掩，不以辭長也。一時縉紳名流及聰明傑出之士，皆樂與之遊，仲全悉出其胸藏，無所吝。毘陵明天文、星曆、律吕諸家，如二馬子、楊爾京、龔武仕之儔，皆仲全之切磋爲多。

性至孝友。父仰懷公病目，仲全日以舌舐目。病結，以指導其糞。母章氏、姚氏之病，雖廁牏之屬，必躬必親。居三年喪，蔬食異寢，如古禮。有姪中年逝，爲養其孤寡，脩脯所入，輒代其弟完逋賦。子荇能讀書，力耕養父，米鹽之事，一切不問也。與人交，和易善笑語，如醇醪之醉人。毘陵城中人士好學者，見先生輒迎致，如洛陽故事。家有行窩，每入城，隨意所適，無專舍。貌樸好野服，人與乍接，多忽易，久乃益敬。常遊西泠，達官見者不爲禮，語一再接，驚趨下座，再拜稱謝，呼爲先生。顧又有機權，遇事能談言微中。西戍之際，有大盜高三倭者，官兵莫敢近，仲全往説之，三倭立散其衆，詣城中降。里中人即素有城府與人冰炭者，見仲全無不立化也。同人咸比之邵康節，以爲性情作用皆近似。至於人讀易書難，仲全讀難書易，則又與宋之西山可比肩稱二蔡也。

野史氏曰：「仲全，真風流人豪也哉！古昔之士以布衣雄世者，往往而有，若近代則諸生以下鮮能自立，即有以翰墨遊公卿間者，此妾婦，非丈夫也。仲全深居田野，以博學名動一時，衣敝緼，歷朱門，雄辨高談，傾服四座，時人以比康節、西山，夫豈過哉！」

張子威小傳

張子威，諱世維，婁之璜涇人。家世農賈，有隱德。子威生而岐嶷，性沈默寡言，不與群兒伍。其祖與父咸器之，令遊學州城，因從先君游。時從先君游者皆彬彬文學之士，聲稱爛然，然每群聚笑語，輒有飛揚䟦扈之氣。子威獨終日下帷，斂膝危坐，讀書窮晝夜不倦，有所論説，皆默識於心。先君深敬愛之，嘗曰：「子威志篤而氣静，非聲華之流所能及也。」既而試輒不偶，子威作而歎曰：「吾讀書，學古人耳，何用屑屑名利爲？」乃棄舉子業，歸璜涇，隱居授徒，教子弟以孝弟，教鄉黨以忠信。里中之人皆化其德。間亦操子母學賈人術，而性不喜言利，有所得，輒隨手散去，轉益窘，子威亦不以介意。未幾，海内亂，子威之家燬於兵火，乃就委巷中僦廛而居，門庭蕭然，几案清絶。壁間惟古琴一張，牀頭書數卷，子威偃息其中，妻孥熙熙，雞犬閒閒，雖古桃源中人，不過是也。暇則一瓢一《易》，賣卜於市。得錢輒沽酒飲，飲輒醉，醉輒就枕。嘗謂人曰：「吾於世無他好，惟醉鄉睡鄉，差足樂耳。」是以鄉之人無不知有子威，亦無不樂與子威游者，而子威固泊如也。子威有三子，皆嶽嶽成立，善事父母。次君仲芳尤秀敏，工詩文，能琴，更精繪畫，子威小像即其繪云。

如我老人傳

如我老人者，吾友無競龔子之尊人，居州之茜溪，諱之鵬，字程侯。其先自宋高宗朝，始祖諱猗者，爲殿中侍御史，扈駕南行，自汴來吴，有銀杏枝觸舟，取以插地，祝曰：「吾卜居兹土，子孫昌者，銀杏當活。」已而果活，後大如車輪。又遇異人，授以靈草，使療疫，得活萬人，因號遇仙公。

公之子有安、寧、定三派，皆代有顯者。而世所稱安節公，即定派也。安節公自金川著節後，歸隱於婁，居雙鳳里。彦和公始還茜溪，爲州之七都，族姓繁衍，人稱爲龔巷。數傳生公，幼穎敏，受業於先達虞淵姚公。數奇不遇，乃棄舉子業，以治生課子爲事。七都故沃壤，公率僮僕力耕其間，家稍稍給，遂以其餘力闢圃一區，顔曰「拙圃」，自稱「如我老人」。築書室曰「花萼」，傍更治小屋十餘楹，前後雜植花木，中延兩皐比課子。每花月之下，賓朋過訪，輒圍棋論文，流連浹日，好以家醞醉人，不極歡不止。族人有誚公爲迂者，謂公何不廣治田宅，爲蓄積計？公笑不應，教其子愈力。子三人，長挺即無競，次捖字與參，次拱字向辰，遂先後補博士弟子。挺惇樸有古人風，善古文辭，捖工詩，饒魏晉豐格，拱篤學孝弟，皆與予及廖士、言夏結爲世外友。挺之子嶸亦弟子員，從予游，予因過公之所謂「拙圃」，茂林修竹，清池環匝，老梅古桂，偃蹇兀傲。公之祖孫父子讀書飲酒，嘯詠其中，真足樂也。村之中環而居者多翁之族姓，田宅相亞，雞豚相接，歲時伏臘，歌呼歡笑，亦何必昔人所謂桃源耶？

今年甲午，公壽躋八十，長身鶴立，方瞳緑睛，行不扶柱杖，燈下能讀細書，與人飲，能終夜不倦。予嘗叩公致壽亦或有術乎？公謂無術，特龔氏固多壽，因歷數有遷齋公者，與沈石田友，壽八十九，伯母沈壽九十三，其餘七八十者不可勝記，而公之兩尊人亦俱享耄耋。藉非桃源，何神仙若此之多耶？或謂遇仙公實以陰德起家，故其後多壽，理亦宜然。時公之族姓及諸同人，皆將爲歌詩以壽公，而并欲乞言於四方之賢人君子，儀不揣，先爲之傳，以傳述其事。

海烈婦傳

余讀《歸震川先生集》，見所書張貞女死事。貞女固吾郡嘉定曹巷人也，嫁汪客之子。客嫗多與人私，不避其媳，貞女醜之，竊誡其夫，亦時時幾諫客。客父子不省，反以語嫗，嫗怒，與群惡少謀欲併污之。姑一嘗試，知不可犯，乃共謀殺之，鞭箠刀斧，無不畢具，貞女被慘毒以死。震川至安亭，悉其事，適時又有欲緩其獄者，震川爲呼籲士大夫間，主持公論，不遺餘力，嫗、惡少始得擬罪死獄中。嗚呼！女子之死節，猶士大夫之死王事也。士大夫讀書知禮義，求其能死王事者，千萬之中未可得一二，而里巷之婦人女子能之，可謂表章揚扢，非我輩事乎？

康熙丁未正月二十七日，常州毘陵驛有海氏死節一事。氏徐州人，固小姓，夫陳有量，孱弱僅知書，貧不能活。時海族有爲松江營弁者，往依之。值他調，又往江陰，依姪永潮。潮，營兵也，復不能活，乃轉至毘陵，謀便道歸，僦屋半間，爲權寓計。有惡少楊二者，故酒家傭卒，見婦，駭曰：「此何爲者？貧而麗，殆奇貨可居耶？」乃故與有量暱，貰以酒食，亦稍貸其乏。計得間，而婦深自引匿，無由款接。復與有量飲血神祠，結兄弟歡，始得以叔嫂禮見。一日有量出，二乘間挑之，氏厲色疾叱，二倉皇遁。已而悔曰：「吾利其姿耳，與若夫交甚無謂，且屢貸未償，將安底乎？」

會水涸，糧艘滯，集肆前取酤，有旗丁林顯瑞者與二狎，二導之窺婦，林魂魄蕩然不能禁，語二曰：「若何以教我使得一近？誠死無所恨。」二曰：「奚止得近，若誠聽我策，且使入彀，終身爲若妾矣。彼徐州人，方謀亟歸，汝能賃若傭，納諸舟中，惟汝所欲爲也。」林大悦。二乃復招有量，給之曰：「兄欲歸久矣，此間有便舟，寧用附之耶？」有量曰：「甚善，顧無貲，奈何？」二曰：「弟爲兄謀，不必出貲，且可得錢償諸負，資斧咸取給，嫂亦得安歸。」有量大喜，請策安出。曰：「有漕舟主人覓傭書者，兄善書，此一機會也。」有量諾之，得聘金三，二算償諸負，三金立盡。歸語氏，氏問誰何，有量以林告。曰：「是頃與二同過我者耶？彼往者目矚我，其意常在我也，且二匪人，其所與必不良，不可往。」有量亦疑，然金已散，莫可爲計，婦終期期不可。林囑衛弁，以誤運遣卒脅有量。夫婦登舟，居第三艙，氏益韜晦不得見。林復謀諸二。二曰：「夫在故也。」林復以廿金付有量，令往蘇市篁纜，且曰：「若有贏，即奉爲行資。」有量以語氏，氏持不可。聞外方呼登舟急，一小艇泊艙前，有量不得已，奮袂出，疾棹而去。

故事，糧艘行，必祝金龍神，演劇於臺。是日，林欲挑氏，乃泊艘於臺傍。豐治酒饌，命所私二舟人婦，叩扉饋氏，曰：「頌神惠也。」氏投卻不納，復垂簾艙門。請觀劇，氏闔扉不一觀。復顧二曰：「彼戲且不觀，奈何？」二誚林曰：「世豈有婦人就男子者，吾與君致之舟，餘豈能相助？君健男子，乃不能制弱骨耶？」林大然之，亟歸，使二婦持白金五錠，列案間，語氏曰：「此林君權以奉娘子者，他日出京口，過維揚，當再市珠帛爲娘子歡。」氏怒，揮其金，毆二婦出，詈聲達於外。林雖知不可，然終以楊二之言爲然。夜二鼓，穴艎板以入，掩其睡也，見氏方危坐，大呼「殺人」。舟人雖聞，屏息不敢問。持之急，聲愈厲，驚寤鄰艘，或呼曰：「林某何爲者！彼既不願，林某何爲者！」林沮喪退，微聞哀泣聲，又聞窸窣聲，已而寂然。揮二婦視之，投繯就瞑矣，時年止二十有一也。林皇遽謀匿尸米中，俟隙沈於河，禁舟人無上岸。

越三日，念有量且歸，林之弟行四建議，懸十金，募舟人能死有量者。長年藍廷欣然應募，得登岸，即持金密首於監兑司李朱公。公閱牘大驚，燒燭傳經歷，授以牘，戒必得賊。經歷君者，名明素，多智。時告密者方匿，且糧艘如櫛，無從拘獲，乃亟趨官所發篋，得受兑籍，載某月日衛弁雷播霞名下旗丁林顯瑞米若干石，曰：「得之矣。」啓城門鑰，呼弁於夢寐，紿之曰：「適奉嚴檄，某艘匿逃人，盍往勘？」弁悚懼如約，偕詣艘，呼舟人，點名至顯瑞，曰：「此逃人也。」衆方愕眙，林亦肆辨。忽燭光燈影間，藍廷躍出。林驚曰：「汝往蘇，那得在此？」經歷以牘示之。知事敗，語塞就縛。次晨以白金一斤啗經歷，且白己實與婦姦，其死者由舟人婦醜之也，冀以和姦得減死，且祈緩獄。經歷怒投金於地，疾往驗尸。藍廷從米中舁出，玉色如生，氣勃勃若怒狀，衣外稍完好，餘盡鶉結，而凡衽衱上下裙衩袙袜，皆連綴密縫，牢不可擘，蓋有量去後自紉，以備倉猝者也。萬目環視，鬨然稱歎，至有泣下者。林乃不得以和姦爲辭，如法論斬。

獄既具，上之司李，覆讞無異。林復賄衛弁，爲投牒代辨，言氏死反目，且漕限迫，領運者難猝代，司李執不可，遂通詳上官。林弟四走淮安，囑其兄三，且告總漕如弁指，希促運提質，反覆緩死。而司李申詳已達，如詳論罪，三憂懥嘔血暴卒。林計窘，悔愧自怨，述氏前後堅貞狀，以告同獄，故外人流傳益悉。更恨誤聽楊二術，不令獨生。適有量吳門已歸，江陰營兵永潮亦至，連控二，二逸，捕獲之，與林同質。林堅質爲二所誘，加嚴刑。比出就獄，永潮奮長錐刺之。市人不平者以萬計，咸共毆二，二哀號宛轉，入獄即死，輿論快之。

土人競捐貲立祠，擬肖像，啓其棺，已七十餘日，顔色不變，觀者咸詫以爲神。祠在常州西門毘陵驛畔，俗所稱「龍嘴」者是也。一時争相歎頌，題詩者屋壁皆滿。自達官貴人以及窶人乞丐，無不趨拜瞻仰，捐貲恐後，亦足以見三代之人心矣。

嗟夫！予因之重有感焉。烈婦之事與嘉定張貞女，其不幸同，其死同，其志同也。然貞女以不及豫防，身體髮膚備慘毒以死，當時之人猶有疑其不能無辱者，賴震川争之而後定。若烈婦之死，則寸膚不露，故和姦之誣，卒不能浼，而冤以速伸。嗚呼！可謂勇能捍暴，而知能衛身者也。雖古稱引斧斷臂，何以加焉！

張幼禱先生像贊

生富貴之族，未嘗以門第驕人；處明盛之世，未嘗以名利居心。其接物甚和，而非闇然媚世；其持己似矜，而非傲物陵人。壯欲乘時，究心於禮樂兵農之府；老思遯世，游刃乎詩書翰墨之林。優哉游哉！不知我者，以爲畏入世途之狷士；其知我者，以爲不求聲譽之逸民。

朱昭芑像贊

嗚呼！疇昔風雪之夕，坐予亭而談心者，非君也耶？文章極天下之選，而不得一命之榮；名譽馳四海之遠，而所處者一畝之宫。交游同學，無不鳴珂佩玉，翺翔王路，而君獨以蹭蹬之布衣，頡頏偃仰乎其中。辛苦二十餘年，著書三百餘卷，曾不得登諸梨棗，公諸海内，而徒飽篋中之蠹食，增案上之塵封。嗚呼哀哉！時耶？命耶？天耶？人耶？覩昂藏之七尺，豈有美如冠玉而長貧賤者？而年甫半百，綸無半通，令人不得不撫髀扼腕，而徘徊歎息於紙上之遺容。吁嗟已矣！憶昔甲申之歲，君以令子相屬；而今也，令子能讀君之書，繼君之志，則君未竟之業可以復續，而又何必致慨於不平之造物，憒憒之天公也耶？

病中自贊 時人有不樂於講學者，故云。

爾性拙樸，不宜於仕宦；又不喜浮華，不宜於藝林；手足弱，不宜於農；無狡獪之才，不宜於工賈。爾非道學，且奚術之從耶？　雖然，爾以爲道學，而天下之人不欲與汝爲道學，則奈何？　孔子曰：「爲仁由己，而由人乎哉？」然則吾將勉之己，而聽之人矣。

陳氏二子剛方字說

木必有松柏之質，而後可自試於歲寒；人必有堅貞之德，而後可自立於叔世。何以言之？　當春陽和煦之時，衆卉敷榮，披之以春風，被之以春日，雖柔柯弱草，未嘗不欣欣於大化無私之中也。迨夫隆冬歲寒，嚴霜急雪，巖谷俱凍，百草萎壞，當此之時，求其挺立不彫，屬之柔脆者乎？　屬之勁直者乎？　惟人亦然。唐虞三代，春陽和煦之時也，勞來匡直，其爲春風春日也大矣。自此而往，世日益下，則所以和煦乎人者亦日益少，非有卓特之志，貞固之操，何以立身而致行？　河南東夏簡庵陳子，以清節世其家者也。當申酉之間，伏處不仕，命其子曰「剛」曰「方」，而問字於東海之陸子。陸子曰：善夫！　柔而能剛，静而德方，此孔子之所以係坤者也。夫坤之時，何時乎？　使孔子以坤道訓世，則柔與静足矣。率此以往，將奄然媚於世者，皆可謂之柔與静，而乾道或幾乎熄矣。申之以剛方，其有乾德之思乎？　吾以是知陳子之命其子以從陽也，以自立也。雖然，不可以不善其用也。子瞻氏之爲剛説也，曰「剛者必仁」。非剛者之必仁，仁而後成其剛也。剛而不仁，爲暴而已矣。鄴侯之賦棋也，曰「方若行義」。夫義也者，宜也，宜也者，時也。方而不知時，宜爲腐而已矣。爲之字剛曰仁思，字方曰義思。仁義，大道之旨也，仁義，所以善剛方之用也。《繫辭傳》曰：「立天之道，曰陰與陽；立地之道，曰柔與剛；立人之道，曰仁與義。」剛方，天地之道；仁義，人之道也。盡乎人而後可以參贊乎天地，爲二子者勉旃。

危齋銘有序

檇李巨手吴子始搆卍齋，與其少君項朝夕吟誦其中，有詩刻行世。巨手至叟，予讀其詩，得接其人，蓋奇邁卓特之士。既遊四方歸，深悉世故，復搆一室，隱居讀書，名之曰「危」。獻可陳子爲之説：夫卍，古「萬」字也，於數爲盈，於義爲博，吴子其有博學之思乎？博而不已必盈，盈而不已將有窮大失歸之慮焉，繼之以危，惕辭也，吴子其又有兢惕之思乎？桴亭陸子，喜爲兢惕之學者也，故不辭而爲之銘，其辭曰：

孰危爾身？富貴勳名，以勞爾形。孰危爾心？得喪榮辱，以亂爾聰明。戒之哉！不知危而危，其危也，乃亡之續；知危而危，其危也，爲安且福。乾之惕，坤之敬，朝斯夕斯永天命。

祭虞山毛子晉文

嗚呼，虞山有毛子晉，亦虞山之人傑也！在昔萬曆盛時，虞山牧齋錢公以文章名海内，子晉從之遊最早，凡牧齋所讀之書，子晉無不讀，牧齋所交之人，子晉無不交。而又能搜求善本，不惜重價，聘宇内名師宿儒，互相讎訂，剞劂之美，甲於天下。至殊方異域，亦莫不知有汲古先生，藏書之富，與絳雲樓埒。四方之賢豪長者，或吏兹土，或遊虞山，無不造廬請謁，蓋幾與牧齋公平分半席。嗚呼，可謂盛矣！

或曰：「以子晉之才之學，可以黼黻盛明，蜚聲皇路，爲一時名臣碩輔，而顧埋名畎畝，終老山林，僅可與石田、衡山比肩，以是爲子晉觖望。」予謂不然。人生之遇與不遇，時也，運也，惟讀書之樂，則性命以之者也。昔人謂萬卷自擁，何假南面百城。今子晉坐隱湖之濱，所居有良田廣宅，聚書至數萬卷，搆傑閣，貯書其中，背山臨湖，日與名人逸士校讎繙閱，暇則一觴一詠，暢敘幽情，而又有賢子弟禮賢賓師，講道論德，修身復古，以視夫僕僕長安，車塵馬足，營營終日，寵辱驚心者，得耶？失耶？且邇者天下亦多故矣，食人之食者，憂人之憂。子晉身不登仕籍，足不履廊廟，置身局外，理亂不聞。其生也，爲江湖之逸民；其殁也，爲兩朝之處士。蓋棺之日，家無餘財，天下莫不重其人，嘉其行。

予嘗謂宋之趙明誠，其藏書之富，私居之樂，似頗勝於公矣，而卒以身丁喪亂，所蓄盡失，讀《金石録》者，無不悲之。以視公之屢經喪亂，田園宴如，其擇地之善，藏身之固，又加於人一等矣，謂之人傑，不亦宜乎？予與子晉交，因予友確庵，數年中數過其廬，登樓讀書。見其品題位置，無不精絶，而又能以其餘力庀治田園，經理公私諸務，莫不井然，咸中條理。曙中陳子義扶常歎其有大司農才，然則子晉豈不能以功名顯者耶？彼固有所不必也。嗚呼！子晉可謂人傑矣！

桴亭先生文集補遺

太倉陸世儀道威著

序

毛師柱端峰詩選序

吾鄉毛文簡公，七歲能詩歌，弘治中，舉進士第一人，故吾鄉之艷稱才名科第者，必以文簡公爲首。然文簡實以名德勝。嘉靖中，議興獻王祀號，文簡據大儒伊川之説，疏五上，廷議不能奪，卒以此忤上意，乞骸骨歸，天下韙之，故其子孫世以淳謹稱於時。

亦史爲文簡六代孫，少穎悟，能文章，有聲黌序間。尊人止五與余爲髫齔交，聞余與諸友及門爲居敬窮理之學，慨然曰：「少年當務根本，聲名馳逐，豈吾輩事耶？」遂率亦史從遊於予，將究心程朱及當世經濟事。無何，以奏銷詿誤，名在籍中。時奏銷令下，士子之閉户讀書，不與胥吏狎者，詿誤者以百計，率知名士也。亦史既被放，家益貧落，尊人止五又得末疾，湯藥不能具，不得已遨遊金陵、維揚間，資館穀以養。間爲詩歌以見志，一時名公如杜于皇、王阮亭，皆歎息推許，然非其所樂也。

今年春，又將挾册北游，書其近日所爲詩凡若干卷，問序於予。予讀而悲之。嗟乎！亦史，子昔者以予一日之長，侍坐予側，往往横經問難，抵掌籌時，則逸興遄飛，一往不可遏，今不過如斯而已耶？然而負米之情，較之昔賢心事，其旨一也，其必有穆然相感而喟然投契者乎？己酉春暮，書於抱經堂。

沙頭里志序

沙頭里者，吾州東北鄉之鎮名也。在唐宋時爲塗松市，又名印溪，至元時設河泊所，始有沙頭之名，又名沙溪，國初仍之。弘治中，都御史朱喧因□鄉人參政陸容議，分割崑山、嘉定、常熟三縣地爲州，而沙頭舊屬常熟，遂爲州之東北鄉，以鎮名。州之爲鎮者九，爲市者六，而沙頭、雙鳳爲巨，以其地物産爲盛，且多賢豪也。瀕年以來，經變革，雙鳳稍衰落，獨沙頭特盛，人文蔚起，科第相繼，又多賢人君子，持名教，敦氣誼，以古道古學興起一方，一方之人蒸蒸然，雖有頑讒，亦罔不革面也。

又沙溪民居，向枕七浦，婁城之水，惟婁江、七浦流出海，與崇明接。邇年婁江塞，湖流皆從七浦出，稍開大崇明，官民舶至郡中者，必道沙頭，貨物益饒，隱然一小都會。友人曹子暉吉曰：「是不可以無志也，凡物有微必有著，有盛必有衰。昔太倉之壤，在崑山亦一鎮等耳，式齋陸氏即爲之志，所謂有微必有著也。又地大人衆則孽芽其間，不有紀載以爲之觀感，將爲善者無所勸，而爲惡者無所懲。安知今日之盛，不即爲後日之衰乎？」用是始於丙申，迄於庚子，網羅典故，搜輯舊聞，爲書凡十卷，命曰《沙頭里志》。

集成，問序於予。予曰：「國之有史，邑之有乘，家之有譜，皆所以備觀感，垂鑒誡也，獨一鄉之志無聞焉，豈以一鄉爲不足志歟？孔子曰：『吾觀於鄉而知王道之易易。』天下者，國之積也。國者，鄉之積也。於一鄉之中而紀其土田形勝，則可備職方之採；紀其人物里俗詩歌逸事，則可以當風謡之貢；紀其水利兵防，則可以裨政教之助。邇之廣見聞，遠之備觀感，是雖一鄉之事，而實天下國家之事也。即以此爲吾州之鄉倡，并以此爲天下之鄉倡，不亦善乎？」

是爲序。

附録：桴亭先生集外文

敬一軒草序

太倉陸世儀道威著

詩，性情而已。性情之所結，發而爲言，必如其人。昔子貢問樂於師乙，師乙曰：「寬而静，柔而正者，宜歌《頌》；廣大疏達，恭儉而好禮者，宜歌《雅》；正直而静，廉而謙者，宜歌《風》。」夫一歌也，其於人之性情且相關如此，而況由性情而發，有不肖其人者乎？間嘗以此觀之唐人，李白，狂士也，故其言高放；杜甫，志士也，故其言沈鬱；郊、島，狷士也，故其言寒瘦；若初唐之沈、宋，則猥薄之人而已，故其言輕浮而流蕩。以此遞觀於宋、元，百不失一。雖造化之呈能，畫工之肖物，不是過也。

吾友王子聖誠，君子也，師乙所謂「寬而静，柔而正，宜歌《頌》」者，故其爲詩，亦穆如清風，有古《雅》、《頌》之遺。又酷好陶淵明、邵康節、陳白沙詩，往往深思獨詣，浩然成篇，不知聖誠之爲淵明、康節、白沙，抑淵明、康節、白沙之爲聖誠也。顧世之不知聖誠者，讀其詩往往妄加品隲。或謂伯敬稱杜子美善用生，聖誠之善用生深於杜也；或謂郊、島善用寒瘦，聖誠之善用寒瘦深於郊、島也。或見其奇澁，則以爲似樊宗師；或見其古奥，則以爲似韓昌黎。此皆皮相之士，讀其詩而不知其人者。

夫不知聖誠之詩，視其人。聖誠之爲人，恬澹高潔如陶淵明，故其詩亦似淵明；玩心高明、静養端倪，如邵康節、陳白沙，故其詩亦如康節、白沙。而其學問之所由來，則源流於三百篇者也，故其音節時時上匹《雅》、《頌》，此豈近代取青儷白、雕章刻句之徒所可比擬？而乃以論時人之詩者論聖誠，不亦謬乎？或曰：世之論詩，詩而已矣，如子之言，則似論人重而論詩輕。曰：人誠重於詩也。如以詩而已矣，則初唐沈、宋，詎非詩家之宗祖？而《迴波》之辭，《明河》之篇，爲世詬病，詩云乎哉？

王周臣書序

鄱陽馬端臨，故宋丞相馬廷鸞之子也，邃於學問。宋亡，隱居著書，蒐討歷代典章，爲《文獻通考》，凡五百四十餘卷。元至治中，歷聘不起，詔刻其書於江浙行省，端臨之名遂以是傳。夫隱居著述，士君子不得志於時之所爲也，然亦有難易焉。草茅寒素之士，目不及窺秘笈，耳不及聞故實，其所居與所游者，皆貧賤無聞之士，故其發而爲言也，亦不過即其見聞所及，以發揮胸中之藴。即有奇偉卓犖之才，固不能特異於人，何則？勢固有限之者也。若夫生長於富貴者不然，其少小之所習，父兄、師保之所訓，固已迥異乎寒素之流矣。於其長而知學也，文章書傳之多，足以供其探討；四方見聞之博，足以備其採輯。使令足以給其傳寫，膏火足以繼其功程，飲食、醫藥足以佐其精力。故生長富貴而不好學則已，生長富貴而好學，未有不出人數倍者也。

若吾友王子周臣，則真其人矣。周臣承文肅相國、緱山太史之後，其累世之家學，平昔之所養，固不必言，而性復好學。憶予少時即與周臣遊，今幾三十年。隆冬盛暑，飲食造次，未嘗見其釋卷。爲文章，振筆疾書，惟聞簌簌聲，數千言頃刻立就，無一語非大家。纂輯舊聞，罔間晝夜。每得一書，則手自鈔寫。侍史十餘人，四應不給，悉皆羽翼經傳之書。今計其所著，自文章外，纂輯之富，蓋充笥滿架矣。以視端臨，其家世學問，豈非異代同符者歟？

然更有同之甚者。端臨雖宋臣，而舉於元，其爲《通考》也，因卷帙重大，力不能梓，而行省爲之梓。今周臣亦膺薦舉之命而堅卻不就，卷帙之重大，則有甚於《通考》者。嘗爲文以告四方，欲藉當世之力，得毋亦有行省爲之効功耶？則兩人真異代同符者矣！

毛周二子合稿序

《詩》之爲道，與《樂經》相準，故《書》稱后夔典樂教冑子而曰：「詩言志，歌永言。」《禮》稱十三學樂、誦《詩》、舞《勺》、舞《象》，然則詩之與樂，古先聖王所以和人性情，調人血氣，自成童以至白首，莫不優柔浸灌於其中。是故古之教人也多術，而其成材也亦易。自《樂經》亡而樂之道廢，學士大夫有志於審音、正律而不得其傳者，固已不勝其歎息矣。乃至唐以詩賦取士，而後之學爲詩者，相習爲風雲月露之辭，即相沿爲詖淫邪遁之學，而詩之爲道，雖不廢而亦廢。然則生今之時，而欲厚自砥礪以近於古處，其亦何道之從耶？

予從游諸子，雅好言詩，然所習聞者，唐以後之議論而已。聆予之言，瞿然曰：「然則今之詩不足學乎？」予曰：「非然也。孟氏有言：『今之樂，猶古之樂。』然則今之詩，猶古之詩也。由今之所爲詩遞而上之，日尋古人之所謂四始者何在，六義者何在，而求合乎興觀群怨之旨，則子之詩即爲古人之詩矣。由今之所爲詩浚而深之，日尋今人之所謂格律者何若，才調者何若，而祇究夫聲病體格之歸，則子之詩即爲今人之詩矣。詩豈有古今乎？」

予門人毛子亦史、周子翼微，向固深於詩，聞予之言，躍然曰：「先生之言善矣，興觀群怨固不越聲病體格之中也，思無邪而已矣。」因以己意作爲詩歌，出以示當世之能詩者，固未嘗以二子聲病格律爲不協於唐晉也。然而二子之意固已遠矣。今二子將游大江之北，欲以其意就正天下之爲詩者，因屬予書其意於簡端。

周翼微詩稿序

翼微，快士也。當壬辰、癸巳間來從予游。時同人皆爲舉子業，翼微獨好爲詩歌。予讀而異之，曰：「子他日當以詩名天下。」同人猶未之信。己亥，金陵杜于皇偕其子輟耕至婁。于皇固詩家宗匠也，於時人鮮所許可，見翼微詩，獨稱賞不置。時予兒子允純及門人毛亦史、郁東堂、江位初皆爲詩，于皇益歎詫曰：「詩派乃在是耶。」遂令輟耕與諸子游，而諸子之詩名以是益彰。江上鄧子王與猶子翰林公玉書，好延攬天下士，見翼微詩，亟賞之，遂與同游京師。京師先達名公，如芝麓先生、石生先生，一見皆許可。而翼微猶好與方外交。有上人某者以道德重京師，又能爲詩，與翼微稱莫逆。定南耿府素皈依上人，見翼微詩，酷愛之，遂以禮幣聘焉。一時以騷雅游公卿間者，見翼微詩，皆交臂，惟恐後。

翼微欲梓其詩，以請益於時，馳書千里，乞序於予。予曰：「旨哉，此固學詩之道也！聖門之言詩也，學詩者不一人，而獨以端木、子夏爲可與言，以其學詩而不爲專己守殘，徒斤斤於一家之説也。太史公之爲文章也，必登龍門，探禹穴，而後其文章益奇。張顛之爲草書也，見公孫大娘舞劍器，而後其草書益妙。今翼微游京師，謁當世之大人君子，見朝廟宫闕之壯麗，百工器物之奇詭，皆所以詔我益我，所謂告往知來者也。然非梓其所爲詩以請教於當世之大人君子，則所謂告往知來者，又孰從而驗之耶？翼微其可與言詩也已！」

王石隱百首詩餘序

予年十六七喜爲詩餘，凡中調、小令，不按譜皆能作。顧時無共往復者，不久輒去。及長，見石隱王子有《詠茉莉》小曲，清新流利，知其必能爲詩餘。然當是時，適丁時變，相對則譚經濟。已而亂定，又相與講身心之學，雖間爲詩歌，詩餘則絶不及也。戊戌、己亥間，友人盛子聖傳爲三篁約，每會必作詩歌。樊村顧子殷重忽倡爲詩餘，而諸友皆相倡和，於是筆墨之間，詩餘遂多。

然諸友不過勉爲應酬耳，獨石隱老興勃發，曰：「吾且爲百首，滿百首則不復作。」於是凡有聞見感觸，輒於詩餘發之。大自天下國家，細自一草一木，皆指物賦詠，流連盡興。或一題數篇，或一韻數首。雖少年高才如予門人郁東堂，其宅相沈台臣，皆應接奔走不暇。老才之無敵如此。至其韻致，則或豪邁雄放如子瞻、幼安，或葱蒨韶令如美成、耆卿，非一體一格之所能拘也。

予每過，輒發篋快讀，欣賞嘯詠以爲常。既而謂予曰：「予之詩餘，雖體格雜出，然皆淘寫天真，形容道妙。或憂時憤世，感慨騷愁。即其中偶有駢辭麗句，不過什一，而終無畔道之語。此則得於平日之講道者多也。」予以爲然，乃序而書其語，以告世之讀石隱詩餘者。

范猶文詩稿序

予與范猶文同游我完趙先生之門，范子才最高，爲文章，風發踔厲。我完師論文，以規矩理脈爲主，獨於范子輒歎賞不置，曰：「此軼倫超群之才，當於格外遇之。」由是每試高等。同學諸子亦咸以范子爲驊騮、騄耳，將一日千里，而顧屢困場屋，鬱鬱不得志。

酉申之交，范子喟然欲焚棄筆研，然以貧故，不得不與時浮沈。間出緒餘，輒駕時髦之上。近而試高等者，非經營不可得，范子每以無心弋獲，時流多駭怪之。范子仰天歎曰：「與若等爲伍，非吾志也。」因賦詩有「羞爲王老榜中人」之句。性嗜酒，不能多飲，而豪宕可喜，興酣耳熱，岸幘高歌，旁若無人。與人交，有至性，遇不平事，慷慨激烈，奮臂不自顧，庶幾古俠士之風。間嘗爲古文詩詞，下筆立成，縱横奇快，如其人。然往往隨手棄去，不自惜。

或謂之曰：「君詩如《青山驛》、《插秧》、《秋紅》、《紙鳶》，古文如《樂府論》、《伍員論》、《五大夫誥册》，妙處皆不讓古人，何不自惜乃爾？」范子笑而應之，乃録其僅存者十之一以示予，曰：「子知我者，其爲我序之。」嗟乎！予於范子雖少三歲，然精力意興，遠不如范子，其何以序范子之詩文乎？爲之姑述其生平，亦聊以見范子之志也。

書鑑詩鑑自序

五經惟《易》具天人之理，書完無缺，所不必擬，亦不必續。若《詩》、《書》、《禮》、《春秋》皆在所必續。今惟《綱目》一書爲繼《春秋》而作，其餘三經無敢繼者，一則怵於王通擬經之説，一則泥於邵子「删後無詩」之言也。不知王通續經之謬，在續之不得其正，非經不當續也。予於《書》取古今文字之有關於興衰治亂者，於《詩》取古今詩歌之有合於興觀群怨者，各爲論，以竊附於孔氏《詩》、《書》之義，自難免於君子之譏，然而其心其志，則固願爲聖人之徒而無可罪也。

高忠憲公年譜序

先朝理學之儒，其盛不減於宋，然其間出類拔萃、爲世所共推服者，十數人而已。十數人之中，尤必以河津薛文清及錫山高忠憲先生爲金聲而玉振焉。予讀錫山，高先生少子季遠與猶子學憲彙旃以先生年譜來示，且請爲序。予後先生之生四十有九年矣，何敢序？抑先生事在國史，行在鄉國，名在天下，又何庸序？雖然，不可以無言也。

夫朱子生於有宋之季，集有宋一代之成。先生生於有明之季，集有明一代之成，是不可以無所發明，請得而推言之。有明理學承之自宋，陳静誠、宋文憲、陶姑孰皆衍其緒者也，至於曹月川而始真，薛文清而始大，吴康齋之後，其傳寖盛矣，而純駁即由之以起焉，迨王文成而其教大昌。自正、嘉以迄隆、萬，上則縉紳，下則士庶，家談户説，講學之風，自宋以來，未有盛於此時者。然而物衆則僞生，言厖則敝起。浸浸至於鄧豁渠、李温陵、林乾道、何心隱之屬，八風舞而六經埽地矣。端文顧公標性善之旨，而狂瀾爲之稍障。先生繼起而力持之，而孔孟、程朱之正學焕然復明。夫文成之學，大純而小疵者也，顧自無善無惡之旨揭，而從而繼之者，率皆鄙困學而詫生知，詘工夫而崇本體。名爲大一統而合三教，實則率孔孟以事釋伽。古今以來人倫中正之理，幾於蕩然。今讀先生之年譜，以困學自居，何其不憚煩於本體也！辨新學，而三教合一之説窮；辨異端，而援儒入墨之途塞。然則斯道之真傳，自文清以來所謂晦而復明、絶而復續者，不屬之先生而誰屬耶？而謂先生之功不上同於有宋之朱子耶？特以遭時不偶，未得大行其道，而從容止水，不知者猶與氣節同觀。嗟乎！先生之詩不云乎：「綱常盡處此身全。」蓋先生之學，固已合死生而一之矣。處常變，時有不同，道則無不同也。

先生之子若姪輯年譜成，跋之曰：「他人成仁取義之奇節，先公不過朝聞夕死之恒事。」善哉言乎！足以覘先生之家學矣。雖未獲大彰於時，然朱子之學亦以歷久而愈著。予嘗讀嘉善陳氏幾亭之書，固先生之門人也。其所以尊師者備至，而復能暢其師之説，則安知繼起者不更有人，而將來之尊信吾高子，不猶今人之尊信吾朱子耶？

尚書彙纂必讀序

自一畫開天，《書》制伊始，而删《書》斷自唐虞。其間洛書《洪範》，具《易》之體；帝歌五子，具《詩》之體；拜稽、都俞、《周官》、《顧命》，具《禮》之體；章服、刑用，具《春秋》之體。故一經而備五經者，惟《書》。訓詁家説有互標，旨多錯出，世所傳習，自《大全》、《註疏》以及《會編》、《翼註》、《説約》、《説統》諸集外，推純璧者，亦未數數也。

晉陵家崑庭氏得聚岡、鳳台兩先生家學心傳，精研經義，考訂最深。予昔在毘陵，共事三載。見其晦明寒暑，纂輯不輟。詢之，欲會纂諸書，編入傳註，俾可成誦，爲句讀津梁也。夫説經，言人人殊。明初《尚書》猶有兩孔氏疏，迨後制舉，義一宗蔡《傳》，經生掇青紫者，童而治之，終身俎豆不祧。今欲數百千載下讀者之心，體數百千載上作者之心，融會貫通，意符吻合，以羽翼武夷，並行霄壤，夫豈易乎哉？乃閲五年，予至雲陽，復過毘陵，崑庭纂已脱稿，出質，見其提綱挈領，分章析段，究委窮源，句解字義，無不詳明簡當。讀一字，而一句之義鐵畫銀鉤也；讀一句，而一節之義鉤聯繩貫也；讀一節，而一章之義振裘之挈領，而衡石在懸不爽也。然則讀一經而諸經之義可以兼總該洽，網羅條貫，靡不具備。兹編洵繼武夷起而集成矣乎！因爲顔之曰「彙纂必讀」。

然而窮經以適用也。夫《書》道政事，古命官若采播穀、敷教、明刑、典禮諸大務，何一不臚列五十八篇中？今區區鉛槧，將訓掌故而敝帚之，抑亦家修庭獻，爲當官展錯籍也？漢大夫倪寬説經上前，至使天子就問。夏侯校書異同，後直節侃侃抗論，孝武宛然吁咈，至義於以折衷。聚翁、鳳翁兩先生家學心傳，淵源有自，或庶幾乎？予知是編出，家絃户誦，異時有横經天禄、石渠間者，必以崑庭爲奪席，豈直羔雁、筌蹄云爾哉？

義田敘例題辭

嗟乎！居今之世而有能好施樂善、輕用其財者，吾未見其人也。顧時亦有之矣，有則好浮屠家言，爲放生修福者也；否則，設飯食供僧徒，以求利益者也。夫放生修福，恩足及禽獸矣，而功不至於百姓；設飯食供僧徒，亦濟貧乏之一道，而於我九族之親無與也。天之生物，使之一本，而兹則未免於二本也。善夫！子輿氏有言：「親親而仁民，仁民而愛物。」夫夭喬、蝡動，皆含生理，豈不欲與之共底生成？然較之於民則已微。鰥寡孤獨、煢民無告，王政所先，豈不欲與之共登衽席？然較之於親則已疏。聖賢之心，非謂疏與微之不必加之意也，以爲惠愛之心無窮，而施濟之力有限。苟非别之有等倫，施之有次第，則必至心窮於無可加，而力盡於不可繼。是故先王之教，使之隨力而量施。能及一家者，使之施及於一家；能及一國者，使之施及於一國；能及天下者，然後使之施及於天下。是以施者不匱，而受者有倫。三代之世，所由無甚貧甚富之民，此道得也。

晚近以來，王政衰息，學士大夫不聞先王之教，其有能感發興起，出有餘以惠無告者，奉竺乾氏之教而已。邇者三韓白公來撫吾婁，明先王之道以道人，而於沙溪猶三致意。蓋沙溪多君子，縉紳士庶皆能體白公之意，於是開講院，設善會，每月之朔，必以先王之道諄諄訓迪於一方。一方之人聞之者無不興，而感之者無不奮也。有溪民顧穎甫者，固好施樂善士也。先曾以喜築橋梁稱於時，至是聞先王之教，輒慨然曰：「吾豈能爲德於路人，而顧使一本之親，老者無所養，幼者無所恤哉？吾豈能倒行逆施，效世俗之人，厚所薄而薄所厚哉？」於是捐其田之半以贍宗族。沙溪之人無不賢而敬之。其從兄伯起、族姪璜玉，皆賢者也，又爲述録紀，設條例，以贊其成。予同志友輝吉曹君以告於予，予曰：「夫夫也，可謂勇於聞道者矣。夫古之義田贍族者，在宋稱范文正，然文正爲參知政事，即吾婁瑯琊氏亦世族。夫古之卿大夫謂之有家，惟有家也，故得以庇其宗。今潁甫，庶民也，而亦能爲庇宗之事，其有家之徵乎？雖然，不可謂非白公之教與溪上諸君子講明化導之力也。夫先王之道不明久矣，安得天下之士皆如沙溪，天下之人皆如潁甫，則人人親其親，長其長，而天下平矣。豈僅使一二人以好施樂善稱哉？」

題王佩公像

嗚呼！此佩公先生之遺像也。古之人有功德於民則祀之，以死勤事則祀之。先生濬河之役，有德於婁土，未幾而死，州大夫白公哭之慟。是宜社而祭於鄉，繪其像而廟食，乃僅見於令子蔚儀之家册耶？嗚呼！德不積不崇，報不積不隆。公之子今又以築城之役爲德於劉河矣。世德者必世食其報，百年之内，鄉黨必有歌思而欲尸祝其人者，藏其像以俟之。

跋王文成公矯亭記真跡

陽明先生書，予見其石刻多矣，獨廬山開先寺有磨崖碑，蓋當時既擒宸濠，勒石紀功作也。字大如盆，方廣尺許，發揚蹈厲，想見當年神武氣象。然迹多漫滅，未盡其妙。今見矯亭真蹟，恍然如親見先生眉宇。

因歎字畫粗跡，一經臨摹，但爾失真，況於學問之大者乎？吾謂後世爲良知之學者，讀《傳習録》亦當作如是觀，庶先生之良知至今在人心也。

跋金明甫德孝世求録

嗚呼，道學之無負於世也久矣！陽明先生講學於姚溪，而吾郡之王仁孝應之。明甫先生者，又仁孝之弟子也，傷於貧窶，不能卒業於士林，而卻金償金，其志行彰彰如此。然則使天下之人而舉聞斯道，其進斯世於唐虞，又豈異事耶？而或者曰，道學之名，爲斯世所詬厲也。夫明甫非所謂道學者耶？迄今二十餘年，學士大夫稱述之者，且積累成帙，烏在其爲詬厲也？抑詬厲者或有之矣，彼所謂愚不肖之流也。彼聞伯夷之廉，且以爲矯；見孔子之栖栖，且以爲佞。大聖人值之且若此，吾亦奈之何哉？亦惟行吾所是，而當世悠悠之口，則聽之而已。抑吾更有感焉。夫是編之哀辭像贊，此皆世之所謂賢人君子也，而所言皆人人殊，或淺或深，或遠或近，或中或不中，大抵皆如其人而止。然則所謂毀與譽者，亦皆如其人焉而已，於吾何與哉？吾願世之爲君子，亦但誠於道學，如明甫先生而已。

跋王異公金陵病草

異公束髮操觚，馳譽文苑，無論文章聲價，即詩歌筆墨，亦稱絶一時。意其必絶塵而奔，而九試棘闈，不獲一遇。天乎？人耶？且人品之端厚著於里黨，每遇闈後，東南半城交口頌祝。今秋復爲病魔所困，無論知與不知，皆扼腕歎息。乃讀其《旅病》、《聞罷》諸詩，雖有淒其之音，絶無怨尤之意。至《家信》、《聞雋》之什，則悲喜至性，勃然而生，若不知病之在躬、身之被放者。其性情之正，爲何如也？昔人有言，人生能自樹立，何必科第？又云，科第非傳世之具，惟德行、道藝爲傳世之具。今異公之人品、文章如此，可以樹立而傳世矣，何必爭目睫之榮，取世俗一時之譽哉？

跋許節母行略

節母，予姊之姑也。節母三十而寡，時允三甫十三歲，吾姊甫十二歲，不得已，即於制中過許氏，又三年而後婚。是節母之於允三，母而兼父道；於吾姊，則又姑而兼母道者也。當是時，內外多艱，人情危險，雖以健丈夫處此，亦謂之盤根錯節，況煢煢一婦人乎？其得從容教子，子又教孫，一脈書香，不絶如綫。今日視之，以爲節母雖没，可謂享遐齡而膺厚福者。不知此三十五年中，飲冰茹蘗，有劉向之所不能傳，而曹大家之所不能及者也。嗚呼，難矣！予於宗午公爲表甥，幼時呼節母爲妗，出入卧内。稍長過之，則非時不敢見。蓋節母之治家，嚴而有法如此。此雖一端，亦可以徵大概也。允三性最倜儻，然事母氏，則不失孺子慕迹，其生平奉養、葬祭如禮。又乞言於當世之仁人君子，以表揚其親，可謂生事盡孝、死事盡思者歟！予忝至戚，不敢泛爲揄揚，故直述其大概如此。

上王道臺挽留白知州揭代

揭爲邊海要地需人，良牧異才可惜，謹奉功令，特致輿情，以固地方，以紓宵旰事。

竊聞國家當多事之際，用兵必先惜民，而封疆值用武之時，選將尤須擇吏，所謂勝兵數萬，不如良牧一人者也。某等身爲臣子，誼切同仇，而家在沖邊，言非出位。伏覩舊歲夏秋，海氛入犯，湖寇四起，人心風鶴，處處皆然。獨崑、嘉兩邑與太倉一州，安堵如常，民無驚擾。此皆賢父母彈壓撫綏之力。而太倉地濱大海，接應崇明，尤爲難治。舊任知州白父母綏懷之略，既裕於平時，安攘之才尤見於臨事。不特本州恃以無恐，即鄰邑亦藉以不孤。目今海警未消，方藉長才經畫，驟聞降調，遠邇痛心。然以國家功令，莫可如何，亦久付之浩歎。

近閱邸報，見部覆臺中顧老先生一疏，爲盪寇須用全力等事。內稱「沿海所屬地方，果有真正堪任邊海、地方應保舉更調者，該督撫開列賢能，具題議覆。至新舊降調中有曾遇盤錯、未嘗永廢者，並勿較量，概得選補，許以功贖過，其賦税考成，可暫紓也。又查各官内有降調者，該部查有薦紀加級，准其抵銷，以功贖過」等語。荷蒙諭旨，下部飭行。某等不覺躍然起曰：「此真可以固我封疆，活我黎民。」而本官治狀，適與功令相符，則無如白父母矣。方今才吏宜於治民者，未必長於馭兵；習於安常者，未必優於處變。若白父母者，其平時如催科有方，漕兑有法，清釐田畝，興修水利，則所以養民之法備；修理學宫，建設義塾，開講鄉約，禁止賭博，則所以教民之術周；其臨警如申嚴城守，編立保甲，簡訓民壯，親試騎射，則所以備禦之方修；鎮輯兵民，供應糧餉，單舸渡海，一騎巡城，則所以應變之道裕。才德之優如此，部疏所謂「堪任邊海」、「曾遇盤錯」，孰有踰此者乎？又本官在任，錢糧事件，無分毫不清楚。止以前官宿逋，詿誤罹罰，則疏中所謂「未當永廢，並勿較量，賦税考成，可以暫紓」，又非適合者乎？又本官大計卓異，紀録五次，題薦八次，疏中所謂「薦紀加級，准其抵補，以功贖過」，不又可引據乎？老祖臺提衡海甸，屏障江南，無一事不上體國法，下順民情。如本官者，真可以告之各憲，聞之當宁，具題遷補，鞏固地方者矣。某等屬在鄰邑，似乎越境，然烽煙頻警，誼切同舟。且本官在任之時，開浚朱涇、劉河二大水利，不惟一郡受益，而崑、嘉兩邑爲惠尤多，故敢獨先他邑，冒昧以請，爲此具揭，須至揭者。

上督撫公薦白知州揭代

懇題去任十年之廉吏，以風闔屬數郡之有司，仰體宸衷，俯從民望事。

竊惟朝廷用人，親民莫急於郡縣；大臣巡歷，察吏莫先於勸懲。江南財賦當天下之半，蘇、松又當江南之半，故東南半壁，有司關係最重。定鼎以來，江南有司廉能甚多，然未有如太倉知州白登明者。白知州於順治十年涖任太倉，在官六載，吏戢民安。各憲正薦者十有一，紀録者十有四，保舉者二，大計卓異者一，保舉大郡知府者一。乃十六年海寇之警，白知州奉督撫嚴檄，將雲貴協餉錢糧撥付崇明征勦，獲有批迴在案。而藩司書吏開載不明，反以雲貴協餉不完，致按院馬題參革職，於六月解任。其時征限止及五分，而參處遽開十分。解組之日，士民號泣，擁馬首不前，執香攀卧，百里接跡。肖像尸祝，鄉城殆徧。迄今十載，黄童白叟，偶談及白知州善政，未有不歎息泣下也。而其歌思不已、最係人心者，尤在劉河一事。劉河爲古婁江，通塞關係六郡。自明末大旱，竟成平陸，蓄洩無資，高低皆病。白知州不動公帑，鼓勸三邑，濬河千丈，民不知勞。或以海警爲言，遂致厥功不竟，咽喉十里，阻塞不通。去年大水，六郡同厄，國賦減損，百姓流亡，非細故也。今幸部院大人各任憲臺，留意民瘼，訪求利病，齊心併力，重闢劉河。真小民更生之期，江南再甦之會。太倉百姓，觸物生感，回念昔賢。此河有再開之日，白知州無復官之期。白知州與百姓同其憂，百姓不得與白知州同其樂，私相歎泣，日夜傷心。是以耆糧父老，扶攜裹槖，直走京口，冒死觸禁，稱冤頌德。此真三代之公，絶非阿私所好也。幸遇部院大人開顔允納，又親歷海上，徧察輿情，念去後民言，誠屬無私，知昔日官箴，必非有闕。某等夙叨恩庇，豈能緘默不言？

伏念從來計吏之法，撫字爲上，催科次之。今白知州善政，筆不勝書，而缺餉被參，又屬詿誤，有功無過，誠可矜憐。乘此河工大興之時，或可藉爲題復之地。伏乞憲臺老大人，俯順民情，允其所請，仍行查昔年被參之故。若崇明果有批迴，則協餉原非掛欠。且去官在於六月，欠餉原非十分。或因百姓歌思之懷，特疏十載被冤之吏，於河工題敘之日，稍及當年盡瘁之官。或於吴淞大工之興，辟參幕職以便紀録。或於山林隱逸之士，特舉賢能以應功令。目今聖主側席求賢，又值江南需才甚急，倘可破格題復，不惟太倉一邑百姓歡欣踴躍，遂其素心；且可使闔屬數郡有司，觀感興起，盡皆稱職。則聖朝錢糧重地，可以安堵無虞，而憲臺察吏苦心，亦可不勞而化矣。爲此據實上陳，不勝激切待命之至。

王煙客太常八十壽序

重光大淵獻之歲，吾婁太常王煙客先生，以是歲之八月躋八旬之上壽。北至京師，南及嶺海，耆舊俊髦，凡與先生有通家之舊及先生之子若孫有一日之雅者，莫不馳文走幣，頌先生之德，蓋不啻充棟盈笥也。某久遁山野，鄙樸無華，何能以瓦缶溷黄鐘？然朝夕常侍左右，習聞先生之盛德，其敢以不文辭？

憶先生七十之年，某曾以一言爲壽。凡先生之上闡祖德，下肅家聲，清忠播於朝廷，惠澤浹於閭里，擇師友以訓子弟，減奉養以給親朋，言之不啻詳矣。轉瞬之間，忽復十年，先生之少子藻儒繼跡鳳池，長孫茂京聯登甲第。適當大慶之年，值此榮遇，曠觀宇内，屈指無多。今之頌先生者，舍此亦安歸耶？然吾以爲，此人人之所知，未足闡先生之微也。

先生之所難，在於康强而高壽。耄耋之年，世所常有，暮景榮遇，間亦有之。然大約扶杖龍鍾，名存實廢，若先生則康强如少年。某嘗於七十捧觴時，見先生終日獻酬，無一倦容，已竊心異之。至今又十年矣，燈下能讀細書，對客談笑，應接如響，耳目無少異也。夙興晏眠，行動如飛，常自言一日之間可以百拜而無倦，精力無少減也。日長無事，讀書積寸，翰墨灑灑，動數百言。至偶一游藝，則八分之書，方廣及丈，山水大幅，縱盈卷軸，心思知慮，無少損也。

間嘗與同輩宴談，先生其何以得此？或曰：先生以頤養得之也。錦衣美食，不思而得，温涼寒燠，無不適宜，其奉厚者其質堅，或以此歟？夫先生之食息，吾輩長相與朝夕。先生飯不及一盂，酒不及三琖，殽膳沾滋味而已。即藥餌之供，了不異人，初未嘗有食前方丈珍羞靈藥之奉也。或曰：先生以寧静安和得之也。東郊西田，謝絶人事，舟車使令，足以供役，其體適者其形固，殆謂是也。抑又不然。先生無事則終日讀書，有事晉接賓客。雖盛暑必衣冠，酬酢款語，無少長必敬必恭，自堂及門，遠及百步，送迎必加禮。先生豈以安肆爲愉快者歟？或又曰：先生以欣喜無憂得之也。鳳池黄閣，祖父創業於前；綠綸組綬，子孫接踵於後。其心安者其神全，先生雖異人，吾知其必由乎此也。某以爲是雖近之，而予細察先生之心神，則又不盡由乎此。人生當得意時，遽自盈滿，此小夫所爲也。無論先生少年當祖父貽大投艱，拮据辛苦，即近日一子一孫同日報捷，予適在末座，賀客滿堂，無不色喜，而先生蹙然如不克勝，亟呼家人子弟，諄諄告誡，語以天意之難承，祖德之難報，盈滿之難處，衆情之難調。次日，復書於册，以分遺子弟，凡數百言。至於平日，恒以藻儒在京師，恐少年未習國事，戚戚爲念，是恒情之所喜者，先生又每以爲憂。先生固未嘗沾沾以門第爲得意也。

然則先生之康强、高壽，果何道而臻此歟？吾嘗歷觀於書傳，而得之老氏之旨，曰：「寶嗇其精神者壽。」天之賦予於人有限，即甚富貴，不可以自侈。每見朱門酒肉充庖塞路，而戕賊其身，率由縱欲。先生自奉甚菲，年來諸子供膳，雖稍豐腆，而先生以歲荒租虧，國賦不給，極喻減損。曰：「凡人加意於飲食、藥餌，爲縱欲耳。我六十以後即絶房室，何所事區區乎？」此老氏所謂「嗇用其精神」也。《尚書傳》曰：「恭則壽。」健者，天道。萬物之中惟天爲健，故惟天爲壽。恭者，健之實也。人情安於恣肆，飽食宴處，朽蠹隨之。先生之恭，由於天性，自少至老，未嘗一日有怠惰之容，此亦健德之特鍾也，《尚書》所謂「恭則壽」也。《論語》孔子之言曰：「仁者壽。」人之過於自尊而膜視他人者，德至薄也。賤人而貴己，則不平之中殘忍出焉，故薄待於人者，天亦薄之。先生仁厚由於祖德，自文肅公後，世濟其美。每歲荒，則首出粟平糴，僮僕千指，不擾分毫。非公事不入官府。至於近歲大荒，雖衰年，不惜遠道馳驅，爲民請命。通國之人愛戴頂祝，莫不願先生壽千百歲。此《論語》所謂「仁者壽」也。先生之所以致壽者如此，故由七十至於今日如一日，然由今以至九十、百歲，亦如一日耳。目前之榮遇，斯其近事，壽無窮則榮遇與之俱無窮，豈可遺其本而僅舉其末耶？予故推言之，以爲通國之人告。

盛寒溪六十壽序

盛子聖傳，予筆研友也。憶十五六時，從瑯琊王君美先生游，與聖傳同學。聖傳長予一歲。時予方童心，高視闊步，每有不可一世之意。聖傳則循循矩矱，輒裁予以正。予斂而就教，以兄禮事之。丁丑，予二十七，偶有見於儒者之道，約諸同志，爲居敬窮理之學。同志自予與聖傳外，惟江子虞九、陳子言夏，實共朝夕。維時當崇禎之季，士氣已囂，少年相聚，輒呼爾汝，拍肩聯臂以爲樂。予四人獨方領矩步，相對稱某兄，終日群居，惟讀書道古，不妄言笑。同學皆怪之，呼「周陳江陸四先生」。蓋聖傳當時猶存外姓也。未幾，聖傳以文字受知於甬東錢希聲邑宰，以第一人冠多士，人始知予輩學古而仍不戾於今。蓋鄉國之間，方以科第期聖傳，而不意適丁時變，遂棄諸生以老焉。

聖傳於予四人中，獨稱醇謹。當壬辰、癸巳間，予與言夏每與朋友生徒爲講學之會，聖傳雖日共事不爲異，而嘗恐標榜爲世所指目，惟日以庸言庸行自勉。教生徒亦一遵時制，不敢爲苟異。鍵户著書約數種，如《續高士傳》、《形勝要略》、《讀史彙考》、《山齋紀事》之類，借鈔者户屨恒滿，而皆不授梓，曰：「吾以自怡悦也。」然儔人自信服之，以爲此真理學，真人品，而生徒亦日漸充廣。乃築精舍於寒溪，以教授自給，人以是稱爲「寒溪先生」云。

今年己酉正月人日，爲先生之六十，諸同學及其門人皆將操壺觴而往祝。先生蹙然曰：「予不幸是日即爲先子之諱日，予豈敢以一日之歡，忘終身之戚乎？」諸同人韙之，咸輟壺觴，而爲文以述其事。予惟寒溪，今之有道君子也。古者耆年有德之士，往往爲三老五更，以爲王侯師，次則爲學校之長，以道藝德行式訓於庠序。今寒溪縱不得爲王侯師，亦當如宋胡安定先生，以善教爲蘇湖師表。而遭時不偶，伏處牆東，僅僅以文教一方自著，此豈寒溪之志哉？雖然，吾嘗觀古者禮樂之盛，莫成周若矣，然當其衰也，城闕有佻達之刺，而絃歌鼓瑟乃在洙泗之濱。漢興，立博士，置辟雍，橋門觀聽以億萬計。而當時祇以爲粉飾太平之具。其所謂傳經授受之師弟子者，乃稱濟南、關西、瑯琊、千乘。然則寒溪以隱居任遺經之責，亦可與周、漢諸儒比肩矣，亦何必施教術於庠序，而後謂之得行其志哉？

徐母祝太君六十壽序

古者内言不出於梱，外言不入於梱，故閨門之行不可得而聞也。其可得而聞者，大約由其子之賢而已。澄江之墟，土風雄勁，故其人强直剛毅，以忠義聞天下，顧獨鮮以理學著。戊戌之歲，予遊澄江，有志理學之士皆蒸然來會。其間如杏江邢翁、蓼園孔君，皆一時有道之選也。顧其時杏江之年已八十，蓼園亦且五十餘矣。年齒高則器識定，愈高則愈定，兩君之於理學，固無疑耳。一日者，有少年修謁，則爾瀚徐子也。徐子年方弱冠以外，與其友曹君雲舉同過，據座朗譚。雲舉固宿儒，言多稱説性命，獨徐子則好稱伊川，又舉理一分殊之語相叩。夫伊川之學，謹嚴而方正，此少年輕俊者之所望而卻步也，而徐子獨喜稱之。至理一分殊，則理學家之金匙玉鑰，非湛深於義理者，未克遽遵斯境。而徐子以少年立譚，便能及此，使非家庭之教有素，亦惡能如是乎？嗣以道遠，未獲時晤。庚子之夏，再辱手書。乙巳之秋，又握手於毘陵馬子之書舍，而爾瀚之德益修，業益進矣。

克艱陳子者，亦澄江之篤志理學者也，與爾瀚交最深。戊申，從予於雲陽之皇塘，每讀書之暇，道爾瀚事甚悉，始知爾瀚之尊人亦申酉忠義，而母夫人祝氏則三十爲孤嫠，撫數齡之弱子，以迄於成立者也。夫人之賢愚，鮮不由於父母。當其先天稟受，剛柔、强弱、智愚、邪正，固往往克肖其兩人。若夫既生以後，則飲食教誨，提攜指點，凡一語一默之是非，一舉一動之當否，皆庭闈中漸漬而扶植之，其所係顧不大乎？今徐子之兩尊人，其稟受之正固可知也，至於庭闈之教，則全由於母夫人。當其幼，罹兵革，俄失所天。艱難險阻之中，風雨晦明之際，所謂飲食教誨，提攜指點，與凡一語一默之是非，一舉一動之當否，何一而非母夫人之力？則何一而非母夫人之教乎？迄於今，徐子年且强仕矣，讀書學道，資館穀以養母，謂可以報母夫人之德。然而家庭之間，持大綱，總家政，則尚賴有母夫人也。徐子於罔極之恩，寧有窮耶？

今年己酉，值母夫人六十，同人皆爲詩文以壽，予故述其大略如此。秋風之便，尚擬爲登堂之祝，爾瀚其無辭焉。

乘桴野人傳

乘桴野人者，不知何代人，自言曾見周公、孔子。與之言三代時事，皆略能記憶。尤詳於周室典故，凡封建、井田、學校諸大事，歷歷能道之，原委燦然，如經目覩，不似《周禮》所載及漢宋諸儒者所説。又言孔子習禮大樹時，野人亦得與觀。至周衰，孔子有浮海之思，野人具桴以待，其徒仲由欣然，柳下惠援而止之。孔子喟然曰：「吾何心哉？吾非斯人之徒與而誰與哉？」不果行。野人遂獨乘桴以去。

秦始皇東遊，望見之，以爲神仙，欲招之，遠不能即。顧時復遊人間，與三侯相友善。三侯者，留侯、武侯、鄴侯也。留侯未遇黄石時，東遊海濱，遇滄海君，授以鐵椎力士。滄海君者，野人之友也。及留侯擊始皇於博浪沙，不中，始皇大索天下，留侯匿野人桴以免。武侯隱南陽，野人同龐德公、司馬德操一夕造之，適武侯出，龐公呼湯餅共食，不通姓名而去。常溯江至瞿塘，見武侯石陣，笑曰：「諸葛君長者，亦爲此兒戲事？英雄欺人，不可令作者見也。」鄴侯佐唐三宗平禍亂，非處軍中，則在天子左右。顧獨潛與野人爲方外友。野人時時遺鄴侯酒果，鄴侯輒託言麻姑，不言野人姓氏。而世俗不知，每謂鄴侯好誕。野人亦絶不入中國。宋真、神間，常乘風至濂洛，淳熙中，亦一經閩海，後遂不復覩。

野人所乘桴無長物，惟載書數十卷，謂是周、孔所遺。祥興之末，有抱遺經避海外者，遇野人，以經質之，惟《易》稍相似，餘俱不類。又質以諸儒者語録，曰：「此曾晳、卜子夏語耳。若孔子，吾親見之，其言不爾也。」問周公之言，笑而不應。欲讀其書，固不與。每好觀海中日出，曰：「俟日中天，然後吾書可讀也。」亦問遊海濱，海濱人至今無識之者。

太史公曰：「或言海上多神仙，妄也。」自古得道之士，往往以海爲歸，少師擊磬及伯夷、太公之流，皆在焉。然其德未至，僅遵海濱而處耳。若野人，則真入水不濡者也。秦皇、漢武屢欲致之，而非其道，乃更窮極土木，以爲仙人好樓居，欲冀其一盼，謬矣！使中國有聖人，海不揚波，則野人將自至，野人豈果於忘世哉？

平湖顧君訪溪疑此篇非先生作，誠然。予按崇禎丙子，先生始從事於聖學，爲《格致編》以自課。是時，先生年二十有六。戊寅，更爲考德、課業二録。辛巳，又更爲《志學録》，以《大學》八條目爲格，日記敬怠、善過於下，以驗其進退。自是功夫益密，所造益深，見之言論者益以精粹。是篇蓋丙子以前所作也。姑存之以俟考。乙丑三月六日，裕仁識。

先生實具經天緯地之才，而不見用於世。此篇偶露其英雄氣耳。嘗觀有先生之才，不以理學範圍而見用於世者，留侯、鄴侯是也。範圍未至而見用於世者，陽明是也。不以理學範圍而不見用於世者，黄石公是也。範圍既至，而不見用於世者，先生是也。進而上之，出爲武侯，處爲濂溪、明道，幾於聖人矣。此篇的是先生所作，但宜置之外編，明眼人自能識之，拘儒前不足道也。同治己巳相月，後學淩錫祺識。

先生少懷大志，此文決爲所作無疑。恢詭俶儻，孰謂儒家文之多迂腐耶？ 文治謹識。

江右紀變

金聲桓者，關東人，左寧南良玉之總兵也。乙酉春，寧南卧疾，其子夢庚舉兵向内，以「清君側」爲名，破九江，屠之，寧南憤死。四月猝遇清師，夢庚以兵降，聲桓與焉。已而英王以夢庚北去，用聲桓爲總兵，下江西，王體忠副之。王體忠者，故闖賊帥也，河南人。少美姿容，善騎射。闖賊愛之，與以兵，所向無敵。至是闖賊與清兵戰，敗於潼關，師盡潰，體忠降，因以爲副。聲桓見體忠而喜，盟爲兄弟，因以兵徇江西。時江西自省城而外，多堅守不下。鄉紳之倡義協力者，亦所在團結。楊廷麟、萬元吉守吉安，扼西路。傅檢討鼎銓、揭進士重熙守建昌，扼東路，尤稱嚴辦。金、王皆一一擊破之，殺益王，獲金寶無數。

至八月，薙髮令下，聲桓率兵士皆薙髮。時體忠方徇傍邑，歸，馬上裹涼幘簪、金珀簪，顧盼自矜，聞薙髮令下，甚愠，有不奉法意。時聲桓與體忠坐南北察院，開便門，通往來，相去不數武。聲桓乃邀體忠議事，體忠以二十騎往，與聲桓議不合，聲桓伏兵殺之，裂其尸爲五。二十騎遂入格鬭，殺數人，二十騎亦死。體忠之兵通營皆譟，兩營合鬭於南昌城中。礮箭所及，傷居民無數，縱火焚居民幾千百家。先是，體忠徇吉安，獲七象，遂以象兵巷戰。象兵所至，人馬辟易。而是日，七象遇金兵，皆伏地頓鼻，不敢動。王兵氣奪，且失主帥，遂開門散。聲桓以王兵驍勁敢戰，恐其爲後患，命有能招體忠兵者，以其職與之。體忠軍中有小帥王德仁，其髮種種，號「王雜毛」，素驍勇，遂以其兵歸。聲桓納之，啓爲副帥，與俱鎮江西。

時新建有諸生殷國禎者，氣節士也，不從薙髮令，乃以帶繫髮，鬖鬖覆腦後。南走閩中，上書隆武帝，乞敕書劄印。日夜馳四方，所連結山澤忠義之士，凡數十百人。與王德仁部下士王禹門契厚，日夜説禹門反正。禹門復説德仁，德仁亦心動，而未果。會遼人章于天撫江西，性貪鄙。金、王兩帥入謁，拒不見，納金而後見之。兩帥頗不安。五年丁亥，按臣董來尤貪鄙無狀。金、王往謁，門者入啓。董呵曰：「彼劄委總兵耳，吾自朝廷來，未聞有彼姓名，奈何入謁？」金、王怒，遂益納金。而德仁者，其所部曾殺益王，得王府金寶無算，董故知之，尤謾罵德仁。德仁納黄金千兩，董猶不饜，具疏聞於朝，擬斥之。撫臣微洩其言於聲桓，聲桓被酒，語德仁曰：「汝禍將至矣，盍避諸？」德仁請故，聲桓不言，德仁固以請，聲桓爲道其實。德仁大驚，急還營，選輕騎，一日夜馳二百里，獲其承差，殺之，以疏歸。德仁遂決計反正，爲酒召聲桓。聲桓至，德仁語之故，聲桓猶豫，德仁遂令軍中曰：「凡與我同心反正者，去其髮辮。」軍中皆盡去，須臾，髮積如山。聲桓不得已，與德仁謀曰：「若果爾，將安歸？」德仁遂召禹門，謀南向。時聞中隆武已敗散，帝於廣者，永曆也。禹門率國禎上聲桓平南大將軍豫國公印，德仁建武侯印，皆黄金，方廣五寸。聲桓意遂決，亦命衆去髮辮，執按臣，殺之，囚撫臣，凡滿人之在城者，皆殺無赦，舉義旗，稱永曆二年。旬日之間，合郡響應。時戊子正月二十八日也。

聲桓糾其衆，凡八十萬人，以舊紳姜曰廣爲閣部，共謀所向。時警報至，江寧守臣皆震恐失色，江南北人心岌岌欲動。或謂聲桓：「今日之事，宜乘不備。地方守禦，義師可辦。將軍當自簡合郡精甲，以全力直下金陵，則金陵必破。即未必破，而大江南北必有起而肆應者，則事機可集矣。」聲桓不聽，謂贛州爲兩廣咽喉，兩廣不通，終無根本，昔年王守仁擒宸濠之事可鑒。乃使人南攻贛。時守南贛者，乃高傑舊將楊與柯也。見聲桓舉事，皆稱公侯，謂宜有封爵相及，卒得檄文，大怒，謂：「吾輩舉大事，寧不值一片紙？乃欲降虜相待。我與若輩皆同伍，今汝懸斗大將軍印，我降將爲麾下士耶？」焚其書，固守不應。聲桓大怒，將攻之。或又謂聲桓：「此二將欲邀賞爵也，宜急予，勿吝。」聲桓謂始事不可以示怯，卒命德仁率兵十萬往攻南贛。時德仁所部士，往往多銀鎧，以金飾額，壯若天神，馬肥卒强。道旁觀者莫不歎羡，以爲中興可立俟也。德仁既去，聲桓在南昌。或又謂宜出兵略地，聲桓不許，惟日料簡鄉壯。時鄉壯皆民間無賴子弟，聞義旗起，皆相率團聚，以圖富貴。鄉村坊落，凡有富名，輒借名索餉，恣啖酒食。及聲桓下令料簡，俱集城中。一時軍令嚴迫，莫敢擅取民間物，而所招集之人又無餘資，聲桓又不發餉，數日之後，漸見饑疲，有散去者。而曰廣諸人素不習兵事，聲桓亦無遠略，識者已知其不能有爲矣。而德仁攻南贛不克。聲桓怒，遂自率兵攻之，南昌留其大廳宋奎光居守。

初，金、王之殺滿人也，有騎而脱者，不數十日至北都。北都遂疾發兵，使譚固山名泰督之，凡三千，皆精騎，風馳至江右，屯七里鋪，去南昌止七里。而向來欲動之人心，至此亦持疑不發。大廳宋亦能軍，與北兵戰，兩戰皆小捷，殺北兵數十人。聲桓有兄金大，欲獻城。大廳宋覺之，執訴於聲桓之母，斬而懸其頭於城，人心稍定。已而聲桓自贛歸，欲入城。大廳謂之曰：「吾殺爾兄，吾未知爾心。如果能爲明者，汝當與清戰，戰捷之後，可相見也。」聲桓遂與清戰，亦殺北兵數十人，遂開門入，而聲桓自此無鬬志矣。未幾，而德仁亦自贛歸，併力固守。時城中兵號四十萬，精甲尚數萬。譚固山聞之，亦爲囓指。或謂金、王宜悉衆出攻，背城借一。而所部兵俱富，無鬬志，惟居城中搜括金帛子女，犒宴爲樂。金、王子弟親戚皆爲顯官，稱將軍、侯、伯不一。城外兵漸集，攻具益備。金、王不得已，乃商出戰，而兩營莫肯先，乃議同日出。金營步兵居前，爲火攻營劉一鵬兵，皆持筅，背負火箭，後行持火繩出戰，次第皆然。若敵騎來突，則筅如林立，莫可犯，亦勁卒也。繼之爲王營馬兵，而聲桓、德仁則率諸營兵爲後勁。至清兵屯營將二里，聞營中寂無聲，王兵易之，分劉帥步兵居兩旁，而馬兵竟撲其營，則空營也。急抽兵欲歸，而城中方發礮出，繼兵多不能速出，又爲歸騎所衝，壅塞不成行伍。清以精騎伏道旁民舍中，乘其亂，猝擊之。五騎爲一攢，四面横突，矢發如雨。金、王兵出不意，不能成列，礮矢皆不得發，鎗皆豎擎，束手莫展，遂大潰，死者十餘萬人。

是役也，蓋以城中議戰，累日不決，聲聞於外，故清得爲備云。而清亦慮城兵勁，仿李克用擒存孝法，築長圍攻之。陸路爲長濠三道，皆驅民起土，即累土爲城，晝夜圍守。其臨章江處，驅民拆屋伐木，爲撤星樁，以鎖江流，亦三道，上蓋木板，藉以泥草，人馬通行。城中坐視，莫敢出矣，惟日望四方之救。令曰廣作書，與其門生故吏。時聲桓所部將散守各郡者，尚有七副總，而各山忠義之士，亦所在屯集，皆觀望，莫肯救。有間有送糧至城下者，皆爲清兵擊卻。城上惟日望塵起，火箭交射，礮聲四擊，少頃寂然，則兵散而歸矣。有郭天才者，亦金副將，所部步兵皆長鎗敢戰，獨率衆至南昌城下，數與清兵相持，凡數十戰，撓其長圍。邀之入城，以無後援，且城中莫有應者，終敗没，長圍遂合。自五月至七月，城中饑窘，斗米數十金，相顧無策。有遊僧摩訶般若者，自言有神術，不用甲兵，惟選十四五童子，手持長香，念波羅蜜，則賊不戰而自敗。金、王與曰廣俱信之，稱爲國師。未幾，出兵，不戰而走，殺童子無數，城幾破。德仁又惑武都司之女，疏於兵事。有孝廉某者，國變即削髮爲僧，人皆稱其有王佐才，時亦在城中。金、王乃奉爲盟主，羅拜求策。孝廉某曰：「今日之策，當於死中求生耳。而諸將卒皆以金帛妻子故，莫肯戰。誠能下令，俾諸將卒皆焚金帛，殺妻子，併力出鬭，猶或尚有生路。不然，吾不能爲若謀矣。」金、王諾之。令出，諸將卒皆恐，欲殺孝廉，孝廉辭去，而城外之圍益急。城中饑窘，大率自十月後，皆殺人爲食矣。呼人爲雞，有孤行者，輒攫去烹食，棄骸於道，顱骨皆無完者，食腦故也。有獻策者，謂宜驅民出降，使就食，可通外間聲援。而清師獲饑民，輒殺之；獲兵，皆不殺，使圍呼於城曰：「生路絶矣，汝曹皆有父母、妻子，何苦同盡？盍出降？譚固山待我以不死也。」兵益懈，發火器者皆不用鉛彈。清兵因急攻之兩晝夜，礮聲不絶。内復有應者，清兵遂攀堞而上。聲桓遂赴水死。德仁、曰廣皆被殺。

殷國禎者，受永曆札，爲兵部職方郎，聯絡各山，以金、王被圍，乞師於寧州。寧州副將鄧東陽亦金部將也，誘而執之，見譚固山，不屈死。南昌遂定。時己丑正月十八日也。自始事至此，凡一載，南昌各郡之民死者數百餘萬。

初，聲桓之殺王體忠也，江右列郡義師所在屯守。海内之衆，不便於薙髮，如鼎斯沸。聲桓不乘此時反正，而顧與德仁宣力効忠，誅鋤忠義。至五年之後，大勢略定，乃以小忿卒起圖功。又不能奮臂疾呼，作大江南北之氣，而退守庾嶺，示弱天下，首鼠不出，坐困孤城，爲淮南三叛之續，悲夫！

傅鼎銓，撫州臨川人，庚辰進士，授翰林院檢討。乙酉，清兵至江西，與同邑丁丑進士揭重熙共起義師，守建昌一路，與楊廷麟、萬元吉爲犄角。金、王攻克之，鼎銓走入廣信山中，不能獲。鼎銓故學佛，四月八日，俗稱浴佛日也。山中有佛寺，是日舉浴佛會，鼎銓與焉。清諜知之，遣騎入山，獲其部下士，遂踪跡得之。傅作詩云：「浴佛傳名日，孤臣盡節時。棘荆覊彩鳳，殪犬獲麟麒。斷頸玉寧碎，剖心山不移。争留巾履在，昭取漢威儀。」撫按諸臣俱勸之降，鼎銓笑不答。在獄幾閲月，巾服如故，朝夕賦詩不輟。或欲爲薙髮，鼎銓曰：「待留此與頭俱去。」疏上，得處決旨。衆皆涕泣，鼎銓揚揚如平常。聞吹角聲起，曰：「可以行矣。」語左右：「我不畏死，不可縛。」衆不敢縛，乃徐行。至順化門幾數里，道旁觀者如堵，莫不泣下。鼎銓不爲動，臨城橋，南向再拜。行刑者請跪，鼎銓叱曰：「自被獲以來，爲誰屈膝者？乃今日欲我跪耶？」行刑者因請坐，鼎銓徐諾，坐橋上，以手整衣領，伸頸待刃，行刑者俱手顫墮淚。

萬元吉，字吉人，南昌人，庚辰進士。初任歸德府推官，行取入京後，督師楊嗣昌薦舉軍前贊畫，弘光時擢兵科。乙酉，清兵至，弘光出亡。元吉書《西江月》數首於南京四牌坊上，即南遷，與楊廷麟同起義師於吉安，敗，退守贛州。金、王攻克之，與楊廷麟俱不屈死。《西江月》猶記其二，其辭曰：「可惜青山緑水，委同白草黄沙。群奸誤國死猶賒，有恨杜鵑難化。　蹈海魯連避世，歸湖范蠡辭家。從今改作別生涯，一艇鄱陽東汊。」又曰：「壯士寧堪左袵，同仇莫賦《無衣》。羊裘獨自上漁磯，敢曰昨非今是。　適意魚蝦可及，忘機荇藻俱肥。浮家無可去來歸，慘淡蒹葭秋水。」

蜂房記異

己亥之春，有人自雲間來，言鵲巢之異。其地介上海、嘉定之間，去海濱里餘。民田中忽有鵲數萬，來平地爲巢，頃刻而成，高五六尺，大如三十石米囷，旁開四門，中爲巢無數。居民異，群毁之，頃刻復成。人有近者，輒飛啄頭面，不敢近視。縣官至，始攻之。於是有海上之警，然兩邑固未被兵也。

庚子秋八月，嘉定城中陳氏園忽有群蜂爲巢二，一綴樓簷，大如鐘；一著樹枝，大如囷，三人圍之，不能盡。予姻家徐大母親見之。九月，婁地亦忽有異蜂爲房，在城外西北三里陳氏塚樹上。予遣兒視之。樹高三丈，蜂房綴其端，作五色，大如甕，上下皆微斂，而腹廣特倍，四旁爲四門，蜂出入焉。塚之側有白衣庵，其主僧云，八月蜂先爲房於簷端，大如斗，異而去之，故復爲今房。曾熟察其異，蓋蜜蜂之屬，非細腰類也。色黑，大如蝱。早晚三朝，其所開四門止容一蜂出入，如蜀中棧道。一蜂入，則一蜂出，後至者乃復入，不敢亂行次，爲尤奇也。

予考鵲巢平地之異，古多有之，而不著其應。惟五代王處直爲義武節度使，有野鵲數日巢麥田中，後處直以軍亂被廢死。元末，群烏築城於嘉興民田，宋景濂集有《烏城記》，云「海内之亂自兹始」。傍海多築城，自嘉爲始。蜂房之異則古不載。予考《本草》，嶺海有蜂，能作蜜，在山者爲石蜜，在木者爲木蜜。其不能作蜜者，土人多採食其子，色黑大爲主，爲房如鐘缶，即此蜂也。蜂非有異，但自嶺海而忽至吴會，則亦似有異焉。

酒色名利四箴

儀狄作旨酒，禹飲而甘之。遂乃疏儀狄，豫爲後世思。大禹古聖賢，猶欲慎幾微。况予小子流，敢兹忘令儀？竹林七賢人，才名古今希。濡首殉狂藥，没齒同庸愚。放達詎不樂？名教毋乃違。武公誦《賓筵》，既老猶夔夔。號呶昔所戒，温克真吾師。

好色本天性，豈能滅其根？ 惟兹人心中，炯然有道心。 文王配淑女，《關雎》樂不淫。 閨門衽席間，天命皆流行。 嗚呼尚念哉，凜此持終身。

没世名不稱，聖人以爲病。 榮聲豈足辭，但當守其正。 志華氣以浮，中熱心始競。 予思日孳孳，窮達委天命。 會遇各有時，學問惟所任。 獨立既不懼，遯世乃无悶。

聖人制貨財，本爲利一世。 惟狂罔是念，傲然奮獨智。 壟斷恣行私，皇皇日求利。 嗜欲一以深，廉恥乃失據。 黄河決其堤，崩奔不可禦。 追維厥初咎，常由一蟻注。 千乘如糠粃，失節在簞食。 嗚呼尚勉旃，慎終惟其始。 腊毒實可畏，貧賤安足慮？

憨仙贊

先生憨，誰謂憨？ 讀書樂道，而忘其年。 先生不憨，誰謂不憨？ 蕭然四壁，而欲衣食窮簷。 嗟今之人，自知自賢，懸書束史，冒利逐羶，以視先生，孰憨不憨？ 是而謂憨，吾得不謂之仙。

顧筍洲先生像贊

學綜百家，而道術一本於聖；交滿天下，而好惡一軌於正。 三十始仕，立德制行；四十歸隱，樂天知命。

五雲巖深，銅坑梅勝。幅巾杖履，以嘯以詠。天下至尊，莫如齒德，而齒德惟翁爲盛；天下至貴，莫如忠孝，而忠孝在翁子姓。嗚呼休哉，翁又奚病？

顧瑞屏先生像贊

維公少年，文章之宗。爲金爲玉，爲麟爲龍。居鄉恂恂以見德，立朝便便而效忠。抗疏排擊，權璫破未寒之膽；具詞陳情，讓皇存已晦之公。方期半壁是賴，豈料五丈云終。嗚呼！江心庵裏，燕山市中，維跡則異，維心則同。疇昔之夜，東海有氣貫日月而爲虹者，非公也耶？

温如先生像贊

儀與先生之子言夏，童年交也。憶先生教言夏昆仲時，正如此圖。今復教孫如教二子，此最樂事。然而時異也，殊不勝深慨。雖然，儀自童子時覩先生容貌如是，今更二十餘年，中間歷貴賤、窮達、治亂、欣慼，無慮數變，而先生容貌不異曩昔，非德盛養至，烏能若是耶？先生亦可以自慰矣。世態之變遷靡常，而先生之德容有常。以有常待靡常，先生又何爲不豫哉？

且了和尚像贊且了，瀾溪諸氏子，字鼎甫。儒而遯於禪者，與確庵同結蓮社。性亢直，善酒。

此甚和尚？我殊不識。或曰此西來之達摩，而不見其面壁。或曰此曹溪臨濟之流，而又不聞棒喝之消息。確庵謂予，此布袋羅漢之後身。予曰其然其然，吾知其好米汁。

關帝真容贊

此近時所傳漢壽亭侯真容也。侯生季漢，去此千餘年，圖其像者，無慮億千萬數，皆以史文所稱，想像揣摩，孰能辨其真否？而此獨人人謂爲真容，其必有説矣。雖然，侯之所以敬信於億千萬人者，果徒以是威容否耶？若徒以是威容，則亟繪其真，而拜之奉之可也。不然，則吾以爲繪公之像，不如讀公之傳；讀公之傳，不如見公之心而學公之爲人。

張友禱先生像贊

生富貴之族，未嘗以門第驕人；處明盛之世，未嘗以名利居心。其接物甚和，而非闇然媚世；其持己似矜，而非傲物陵人。壯欲乘時，究心於禮樂兵農之府；老思遯世，游刃乎詩書翰墨之林。優哉游哉，不知我者，以爲畏入世途之狷士；其知我者，以爲不求聲譽之逸民。

錢無懷像贊

此何人斯？不爲制舉，而百家子史，博採兼收；不爲游俠，而騷壇酒社，跌宕風流；不爲山人墨客，而杖底之湖山、筆端之邱壑，傲一世而莫與讐。出閥閲之宗，而欿然不滿；在陋巷之中，而淡然無憂。方且含哺弄孫，鼓腹嬉遊，胡爲乎方袍圓頂，儼然比丘？人曰：「此伊蒲氏之徒也。」而我以爲葛天氏之儔。

戲作像贊[1]

聞有譏予講學者，作此自嘲。

爾性拙樸，不宜於仕宦；又不喜浮薄，不宜於藝林；手足弱，不宜於農；無狡獪之才，不宜於工賈。爾非道學，且奚術之從耶？雖然，爾自謂道學，而天下之人不欲與汝爲道學，則奈何？孔子曰：「爲仁由己，而由人乎哉？」然則吾將勉之己，而聽之人矣。

祭周存梧孝廉文

嗚呼！士生斯世，負奇偉出群之姿，爲國家經營邊鄙。遇則立功絶域，萬里封侯；不遇則馬革裹尸，効死疆埸而不悔。此亦有志者之所深取矣。雖然，有説焉。男子之生，身體髮膚，受之父母，不敢毁傷。其忍於輕視此七尺者，以身與國家相重輕耳。故死而有益於朝廷，則生不如死；死而無益於朝廷，則死不如生。此不易之定論也。

吾妻存梧周公，以孝廉起家，知時事多艱，復究心天人之學。時關門孔亟，桐城方公一藻以撫遼聘公參其軍。公盡心佐理，所畫動中機要，三奏奇捷，不報。會與監視權璫忤，璫羅織雜事，逮公繫詔獄。三年得

[1] 此文，正集卷六已收，題《病中自贊》，文字小有不同。

白，復參方公軍。而公以時事日非，拂衣歸里。甲申，南京擁立。同年，太宰徐公、銀臺侯公、文定夏公，皆移書勸仕，公堅卧不出，竟以終老。

或謂以公之才，使大展其學，可以得志；即不然，畢力闒門，委身致命，亦人臣之義也；而甘守貧賤，老死牖下，竊爲公不取。嗚呼！公所當之時，亦大概可知矣。徒焦首爛額而無當於救焚之數，則智者必不爲。不觀之近事乎？嘉定登撫孫公，亦以孝廉被薦，累功闒門。數年之間，遂錫節鉞，亦可謂一時之傑矣。而吴橋悍卒，不戢自焚，束手歸朝，身首異處，曾何益於國家？使公當日者昧先幾之義，倖難成之功，徘徊軍前，進退不果，則功名所至，未必遽如孫公，而群小媒蘖，殆必有甚焉者，使朝廷徒有負勞臣之名，而臣子不得盡經綸之實。嗚呼！亦何樂乎有此也？今公之没已七十有四，讀書林皋，優游課子，雖經變革，未嘗易操。使死而有知，則同年如徐侯諸公，當必把臂泉下，如殷三仁之同志也。孰謂公當日之歸，爲遜於疆埸畢命之臣耶？

公有子四人，長孝逸，次孝□，四孝迥，皆能文章，有聲海内。而孝逸尤倜儻，多大略，有父風。與予輩聯社論文，每酒酣耳熱，激昂慷慨，論列當世，或爲羽聲出歌，髮上指冠，蓋痛先生之志之不得伸，而歎前徽之莫繼也。然則先生之後，其能繼先生之志而大先生之業者，非孝逸其誰耶？先生其可以瞑矣。

集外文王跋

桴亭先生古文稿已刻一卷，未刻十卷。見先生子允正所述行實。康熙時，張清恪公撫吴，嘗選刻《文集》五卷。初刻久佚，張刻亦絶少流傳。咸豐間，葉歸庵先生鈔得張刻不全本，又别爲搜訪若干，據以選刻《文鈔》六卷。光緒間，唐若欽世丈校刊《陸子遺書》中《文集》六卷，依天津廣仁堂重刊張本，益以《文鈔》所有而張本所無者，又别據補録若干篇，庶幾完帙矣。余近得《桴亭文集》鈔本八卷，審之，即歸庵先生手録者。以《遺書》本勘之，此有彼無者尚三十餘篇，乃歸庵搜訪所得而未入《文鈔》者，故《遺書》亦未刊入。中間《高忠憲年譜序》、《尚書彙纂必讀序》二篇，别紙補録，蓋得於《文鈔》已刊之後，非不入選也。其《江右紀變》則以忌諱而删之。因拈出别鈔一卷，題曰《桴亭先生集外文》。其卷首録有全謝山、姚春木所撰二《傳》，亦《遺書》所無，附録於後，以待付梓云。丁卯夏六月邑後學王保譿謹識。

集外文唐跋

往者先大夫編刻《桴亭先生遺書》，共十六種，都凡二十八册。其編輯《文集》，係據正誼堂本、《婁水文徵》本、葉徵君涵溪《文鈔》本，又《補遺》則據太倉舊《志》本，可謂至專且密，疑無挂漏矣。迺今歲世弟王君慧言以書來告，鈔得《桴亭先生集外文》三十四篇，外附全謝山、姚春木先生所撰《桴亭先生傳》二首。蓋當時涵溪先生所鈔而未選與夫選而未及刻者。文治得之，不覺喜極而悲。蓋先師王文貞紫翔先生，亦素好桴亭先生之學。憶丁酉歲，先大夫輯桴亭集告成，擬援《陸清獻全書》例命名，函商於文貞師。復曰：「桴亭先生著作甚夥，必有隱晦未發見者，不如稱『遺書』爲宜。」遂定名「陸子遺書」。今慧言弟得兹《集外文》，不獨慰先大夫之靈，抑以驗文貞師之語矣。獨痛夫楓樹飄零，兩楹夢遠，俱不及一展卷耳。亟擬授諸梓人，合成完璧，並附刻全、姚二先生所爲傳暨《從祀録》於後，以補《年譜》之缺。嗟乎！桴亭先生之文，當時未有阨之者，迺零落於荒江風雨之濱，幾三百年而始得稍顯於世。近世以來，新學争鳴，斯文衰息，恐又將由顯而晦矣。雖然，晦之者數也，晦而終必顯者理也。數不能奪理，而理必能勝數。蓋先大夫與先師早有以知之矣，在後人善寶之耳，又奚否塞之足憂哉？丁卯八月邑後學唐文治謹跋。

《儒藏》精華編選刊即出書目（二〇二三）

白虎通德論
誠齋集
春秋本義
春秋集傳大全
春秋左氏傳賈服注輯述
春秋左氏傳舊注疏證
春秋左傳讀
道南源委
桴亭先生文集
復初齋文集
廣雅疏證

龜山先生語録
郭店楚墓竹簡十二種校釋
國語正義
涇野先生文集
康齋先生文集
孔子家語　曾子注釋
禮書通故
論語全解
毛詩後箋
毛詩稽古編
孟子正義
孟子注疏
閩中理學淵源考
木鐘集
群經平議

三魚堂文集　外集
上海博物館藏楚竹書十九種校釋
尚書集注音疏
詩本義
詩經世本古義
詩毛氏傳疏
詩三家義集疏
書疑　東坡書傳　尚書表注
書傳大全
四書集編
四書蒙引
四書纂疏
宋名臣言行録
孫明復先生小集　春秋尊王發微
文定集

五峰集　胡子知言
小學集註
孝經注解　温公易説　司馬氏書儀　家範
璧經室集
伊川擊壤集
儀禮圖
儀禮章句
易漢學
游定夫先生集
御選明臣奏議
周易口義　洪範口義
周易姚氏學